U1021450

《CHONGQINGSHI JIANSHE LINGYU JINZHI、XIANZHI SHIYONG LUOHOU JISHU TONGGAO（2019 NIAN BAN）》SHIYI

《重庆市建设领域禁止、限制使用落后技术通告（2019年版）》释义

主　编　董　勇

副主编　张国庆　赵　辉

张　军　谢厚礼

重庆大学出版社

图书在版编目(CIP)数据

《重庆市建设领域禁止、限制使用落后技术通告(2019年版)》释义 / 董勇主编. -- 重庆:重庆大学出版社, 2020.11

ISBN 978-7-5689-2431-3

Ⅰ.①重… Ⅱ.①董… Ⅲ.①城市建设—科学技术管理—通告—解释—重庆 Ⅳ.①F299.277.19

中国版本图书馆 CIP 数据核字(2020)第 182985 号

《重庆市建设领域禁止、限制使用落后技术通告(2019年版)》释义

主 编 董 勇
副主编 张国庆 赵 辉
张 军 谢厚礼
责任编辑:王 婷 版式设计:王 婷
责任校对:万清菊 责任印制:赵 晟

*

重庆大学出版社出版发行
出版人:饶帮华
社址:重庆市沙坪坝区大学城西路21号
邮编:401331
电话:(023) 88617190 88617185(中小学)
传真:(023) 88617186 88617166
网址:http://www.cqup.com.cn
邮箱:fxk@cqup.com.cn (营销中心)
全国新华书店经销
重庆华林天美印务有限公司印刷

*

开本:787mm×1092mm 1/16 印张:9.5 字数:245千
2020年11月第1版 2020年11月第1次印刷
ISBN 978-7-5689-2431-3 定价:86.00元

本书如有印刷、装订等质量问题,本社负责调换

版权所有,请勿擅自翻印和用本书

制作各类出版物及配套用书,违者必究

编委会名单

主　　编:董　勇

副 主 编:张国庆　赵　辉　张　军　谢厚礼

编写成员:沈李智　杨修明　王永合　杨元华　袁晓峰
陈怡宏　张　意　李昉罡　沈治宇　申秦川
王裕明　刘刚武　张智强　余林文　敖良根
胡　斌　周爱农　代世清　张艺伟　尹有惠
胡　晴　冯骊骁　周　达　陈　杰　陈红霞
滕　超　蓝文晖　王金伟　穆尉鹏　赵　欣
杨丽莉　王　琦　黄祁聪　刘学生　杨摇洲
何　兵　曹　胜　尹国旗

前　言

为推动建设领域技术进步与科技创新，促进科技成果转化和推广应用，调整产业结构，推动产业技术升级，提高行业建设技术、工程质量和安全生产水平，重庆市住房和城乡建设委员会根据《建设领域推广应用新技术管理规定》（建设部令第109号）的规定，建立了建设领域禁止、限制使用落后技术通告制度。由市住房城乡建委统筹，市建设技术发展中心配合，行业有关组织和技术人员积极参与，先后制定发布了《重庆市建设领域禁止、限制使用落后技术通告（第一～八号）》（以下简称“一～八号《技术通告》”），对推动我市建设行业的技术进步和提高工程质量发挥了重要作用。为进一步强化禁限技术通告制度，切实提高技术通告实施的可操作性，在整合一～八号《技术通告》的基础上，结合行业技术发展现状进行了内容增删和调整，制定发布了《重庆市建设领域禁止、限制使用落后技术通告（2019年版）》（以下简称“《2019年版技术通告》”）。

《2019年版技术通告》涉及内容广泛、技术种类众多，同时还涉及部分尚未广泛应用的新技术，为了便于建设行业相关人员准确掌握和理解《2019年版技术通告》的相关内容，确保《2019年版技术通告》有效执行，市住房和城乡建设委员会会同市建设技术发展中心组织编制了《重庆市建设领域禁止、限制使用落后技术通告（2019年版）》释义，对《2019年版技术通告》出台的政策背景、禁限规定以及所列替代技术的性能、适用范围和技术经济性等进行了解析，期望能够帮助到建设领域从业人员准确理解和执行落实《2019年版技术通告》的禁限规定，并指导建设新技术推广应用。

本书所引用规范性文件，凡是只标注编号而未标注年代号的，其最新版本仍适用于本书。

由于本释义的编写、校审等工作量大，文中难免有疏漏和不当之处，敬请批评指正。

最后，谨向参与本书编写的有关领导、专家表示衷心感谢。

编　者

2020年3月

总　则

为强化建设行业相关人员对《重庆市建设领域禁止、限制使用落后技术通告(2019 年版)》(以下简称“《2019 年版技术通告》”)的理解和执行,现对《2019 年版技术通告》的几个关键问题解释如下:

(1)《2019 年版技术通告》的执行时间:“现场搅拌砂浆”自 2020 年 1 月 1 日起执行,其余技术自 2019 年 11 月 6 日起执行。原《重庆市建设领域禁止、限制使用落后技术通告(第一~八号)》(以下简称“一~八号《技术通告》”)自《2019 年版技术通告》实施之日起废止。《2019 年版技术通告》所列技术内容有施工图的,执行时间以施工图审查合格时间为界,其余以实施时间为界。自《2019 年版技术通告》实施之日起,已按照一~八号《技术通告》实施的在建项目仍可按原规定执行。

(2)《2019 年版技术通告》的执行范围:本市行政区域内新建、改建、扩建工程建设项目。

(3)《2019 年版技术通告》的违规处罚:对违反《2019 年版技术通告》或超范围使用《2019 年版技术通告》所列落后技术、工艺和产品的工程建设项目和建设主体,按《建设工程质量管理条例》《民用建筑节能条例》《重庆市建设工程勘察设计管理条例》等法律法规予以处罚。

(4)特殊事项:有特殊情况,有部分需要突破《2019 年版技术通告》规定的,应按《重庆市建设领域新技术工程应用专项论证实施办法(试行)》(渝建〔2019〕365 号)的规定,专项论证通过后方可实施。

目 录

第一部分
施工技术及机具设备

第 1 条　人工挖孔灌注桩

技术名称	禁止	限制	技术（性能）指标	限制、禁止使用范围	相关理由	替代技术（产品）	执行时间
人工挖孔灌注桩		√		不得用于除以下条件之外的建设工程(因施工技术、现场条件限制不能采用机械成孔的项目,以及开挖孔径≥1.2 m且深度≤3 m的岩石地基成孔项目)	安全隐患大,作业环境差,职业健康危害大	机械成孔灌注桩	2019年11月6日起执行

【释义】

一、什么是人工挖孔灌注桩?

人工挖孔灌注桩:单桩基础的一种常见形式,其主要施工工艺特征为采用人工挖孔并同步进行孔壁支护的方法,挖至设计要求的深度或规定的持力层内并经地勘单位、设计单位确认达到规定要求后,即可封底,放入钢筋笼,浇注混凝土。

二、为什么限制使用人工挖孔灌注桩?

人工挖孔灌注桩施工过程涉及的风险源多,风险等级高,易引起中毒、坍塌等生产安全事故。2012 年 2 月发布的原《重庆市建设领域禁止、限制使用落后技术通告(第七号)》明确予以限制使用。2012 年 8 月,重庆市建设工程施工安全管理总站《关于进一步强调禁止人工挖孔灌注桩使用的通知》(渝建安发〔2012〕21 号)也要求“2012 年 7 月 1 日起,人工挖孔灌注桩禁止用于建设工程[确因施工技术、现场条件限制不能采用机械成孔的项目,以及开挖孔径大于 1.2 m(含 1.2 m)且深度不超过 3 m(含 3 m)的岩石地基的成孔项目除外]”。

三、为什么在一定范围内可以使用人工挖孔灌注桩？若使用，需满足什么要求？

2012年12月，重庆市城乡建设委员会发布《关于进一步加强人工挖孔灌注桩管理的通知》（渝建发〔2012〕162号）明确“在引导鼓励推广应用机械成孔施工工艺的同时，受施工技术、场地条件、大断面桩型限制，不宜采用机械成孔施工工艺的建设工程，经建设单位会同勘察、设计、施工、监理等参建单位组织专家充分论证通过后，可考虑采用人工挖孔灌注桩”。故本条规定不包含因施工技术、现场条件限制不能采用机械成孔的项目，以及开挖孔径≥1.2 m且深度≤3 m的岩石地基成孔项目。在应用中，建设单位应对专项技术论证意见的真实性负责，并将相关资料存档备查。文件要求在设计阶段对人工挖孔桩设计可行性进行严格管控。具体要求如下：

（1）设计阶段，因施工技术、现场条件限制不能采用机械成孔的项目，须先通过设计阶段可行性论证，要充分论证机械成孔限制条件的客观性和人工挖孔桩施工安全的可控性。

（2）施工阶段，宜将市内所有人工挖孔桩施工提档为超过一定规模的危大工程管理，按住建部令第37号和建办质〔2018〕31号文要求，编制危大工程安全专项施工方案，组织专家论证、交底、过程管控和验收。

第2条　旋挖成孔扩底灌注桩

技术名称	禁止	限制	技术（性能）指标	限制、禁止使用范围	相关理由	替代技术（产品）	执行时间
旋挖成孔扩底灌注桩	√			严禁用于全市建设工程	成孔扩底质量难以保证，影响桩基承载力和结构安全	旋挖成孔非扩底灌注桩等	2019年11月6日起执行

【释义】

一、什么是旋挖成孔扩底灌注桩？

旋挖成孔扩底灌注桩：旋挖成孔桩的一种，利用钻孔达到所要求的持力层后在桩端换用特殊钻头将桩端直径扩大，则桩的极限承载力比没有扩大头灌注桩的极限承载力有较大幅度的增长。

二、为什么禁止使用旋挖成孔扩底灌注桩？

（1）桩底沉渣无法清理干净，灌注桩质量难以保证。旋挖桩钻至设计底标高后，应采用清孔钻头对桩底沉渣进行清理。可配合泥浆循环工艺进行清底（重庆地区很少采用），再下钢筋笼。钢筋笼与孔身之间的碰撞会带一些小颗粒泥渣沉至桩底，所以混凝土宜采用水下浇筑方式进行施工，通过第一斗混凝土料的冲击力将桩底的小颗粒沉渣浮起来，确保桩底无沉渣或少量沉渣。

现在工程应用中有扩底旋挖钻头，但无扩底清孔钻头，仍然只有采用与桩身直径一样的清孔钻头进行沉渣清理，桩底扩大部分无法清理；重庆市范围内设计成扩底桩时，多为中风化岩石，扩大头范围的渣块较多，均为岩石，块体较重，很难通过水下混凝土浇筑将桩底渣块冲浮起来。

(2)桩扩大头直径的测量方式复杂，不易操作。一般的测量方法为：将扩底桩钻头刚下至孔底（通过钻孔深度控制，此时扭矩很小），记录一个深度数值 a；然后加压低速旋转，使钻头两侧合页打开至岩石（此时扭矩值远小于扩孔时），再记录一个深度数值 b；这两个深度数值相减，即为扩底桩连杆节点行程，通过行程长度换算出扩底桩的扩底直径。此方法施工操作较为复杂，对 a、b 两点的判断全凭钻机操作人员的经验，且换算时要在 CAD 软件中建立模型进行画图、测量，对检查人员技术水平和责任心要求较高，难以保证检查结果的有效性。

(3)无法检测扩底部分的桩身完整性。根据《旋挖成孔灌注桩工程技术规程》(DBJ 50-156—2012)的要求，旋挖成孔灌注桩桩身完整性应 100%检测，检测方法应采用声波透射法或钻芯法。这两种方法均无法检测扩底部分的桩身完整性。

(4)安全风险高。扩底钻头比较特殊，所有扩底钻头都是通过连杆传动装置进行工作，类似雨伞的原理，向下压钻头会撑开，向上提钻头会合上。压撑的压力可以通过动力头来施加，达到一个很大的值，但提起来合上则完全是靠钻头的自重起作用。如果施工中有石头卡在合页处，钻头将无法闭合，无法上提，只能人工下去清理，易发生安全事故，存在一定的安全隐患。

第 3 条 塔吊吊泵管浇筑混凝土施工工艺

技术名称	禁止	限制	技术（性能）指标	限制、禁止使用范围	相关理由	替代技术（产品）	执行日期
塔吊吊泵管浇筑混凝土施工工艺	√			严禁用于全市建设工程	安全风险高，易引发高坠、物体打击与坍塌等事故	采用混凝土布料机浇筑混凝土等施工工艺	2019 年 11 月 6 日起执行

【释义】

一、什么是塔吊吊泵管浇筑混凝土施工工艺?

塔吊吊泵管浇筑混凝土施工工艺：预拌混凝土泵送入模时，采用塔机的起升、拖拽、旋转等起重吊装动作将正在泵送作业的混凝土输送泵管的出料端起吊初步就位，再辅以人工固定出料口软管精确就位入模的混凝土浇筑施工工艺。其特征是该段塔吊起吊悬空的混凝土输送泵管一端与来料端泵管有卡箍相连；操作人员经常处于悬空的混凝土泵管的正下方作业。

二、为什么禁止使用塔吊吊泵管浇筑混凝土施工工艺？

（1）塔吊吊泵管浇筑混凝土施工不符合《建筑塔式起重机安装、使用、拆卸安全技术规程》（JGJ 196—2010）第4.0.5条“塔式起重机起吊前，当吊物与地面或其他物件之间存在吸附力或摩擦力而未采取处置措施时，不得起吊”的要求。

（2）塔吊吊泵管浇筑混凝土施工不符合《建筑施工起重吊装工程安全技术规范》（JGJ 276—2012）第3.0.18条“严禁超载吊装和起吊质量不明的重大构件和设备”，以及第3.0.15条“吊起的构件应确保在起重机吊杆顶的正下方，严禁采用斜拉、斜吊，严禁起吊埋于地下或粘连在地面的构件”等规范条文，塔吊坍塌风险大。

（3）塔吊吊泵管浇筑混凝土施工不符合《建筑施工起重吊装工程安全技术规范》（JGJ 276—2012）第3.0.23条“严禁在已吊起的构件下面或起重臂下旋转范围内作业或行走”的规定，起吊悬空段的泵段在拉拽作用下断裂、滑落导致物体打击而引起起重伤害事故的风险大。

三、混凝土布料机的使用要求有哪些？

（1）应采用符合《混凝土布料机》（JB-T 10704）的成套定型产品。

（2）混凝土布料机在现场作业时有倾覆倒塌风险，现场安装须严格按混凝土布料机设备及工作参数安装，并在其下方设置支撑设备的支架体系，防止其倾覆。

（3）布料机作业半径较小，混凝土结构浇筑面积大时移动频率较大，因此在移动布料机时应注意安全。

第4条　砖砌生化池

技术名称	禁止	限制	技术（性能）指标	限制、禁止使用范围	相关理由	替代技术（产品）	执行时间
砖砌生化池	√			严禁用于全市建设工程	整体性差，易变形渗漏，造成环境污染	成品生化池或现浇钢筋混凝土生化池	2019年11月6日起执行

【释义】

一、什么是砖砌生化池？

砖砌生化池：以砖砌筑成主体，利用生化作用进行污水生物处理的构筑物。

二、为什么禁止使用砖砌生化池？

（1）砌体结构的细微孔洞和裂缝较多，密实性差，极易产生渗漏现象，造成环境污染。

（2）生化池墙体主要受侧向力，由于现场砌筑人员的操作不规范，极易出现砌体施工中常见的瞎缝、透明缝、假缝和灰缝砂浆饱满度达不到规范要求的现象。若竖向灰缝的饱满度不够,将严重影响砌体的抗剪强度。根据四川省建筑科学研究院、南京新宁砖瓦厂等单位的试验结果得到[引用《砌体结构工程施工质量验收规范》(GB 50203—2011)第 5.1.12 条条文说明]:当竖缝砂浆很不饱满甚至完全无砂浆时,其对角加载砌体的抗剪强度约降低 30%。此外,瞎缝、透明缝和假缝对房屋的使用功能也会产生不良影响。

三、成品生化池或现浇钢筋混凝土生化池的优点?

成品生化池和现浇钢筋混凝土生化池共有的优点是耐久性好、整体性好。成品生化池施工周期短,在垫层施工完毕后即可现场安装;污水处理效果好,成品生化池大多采用圆筒形造型,池壁润滑,污物附着力差,不易发生板结现象;施工工序简单;绿色环保;保养维修费用较低。成品生化池详见图 1、图 2。

图 1　预制整体生化池

图 2　玻璃钢生化池

第 5 条　混凝土楼梯现浇工艺

技术名称	禁止	限制	技术(性能)指标	限制、禁止使用范围	相关理由	替代技术(产品)	执行时间
混凝土楼梯现浇工艺		√		不得用于装配式建筑重点发展区域和丰都县建筑面积≥8 万 m^2(以规划方案一次性批准的建筑面积计)的混凝土结构高层住宅建筑标准层	资源综合利用率低,作业环境差,阻碍技术进步	预制装配式工艺	2019 年 11 月 6 日起执行

【释义】

一、什么是混凝土楼梯现浇工艺?

混凝土楼梯现浇工艺:混凝土楼梯构件采用在施工现场支模浇筑混凝土的方式进行施工的工艺。

二、为什么限制使用混凝土楼梯现浇工艺?

（1）受现场施工作业环境、施工人员技术水平、施工组织条件等限制，现浇楼梯质量参差不齐，蜂窝、麻面、孔洞、露筋等工程质量通病突出。

（2）生产效率低下，施工工序多，交叉作业多，现场养护困难。

（3）现浇楼梯受施工工序和环境因素影响较大，施工周期难以控制。

（4）资源消耗高，现浇作业消耗大量的木材、钢材、混凝土等资源，产生大量的建筑垃圾。

（5）替代产品混凝土楼梯构件品质更好、效率更高、消耗更少，且减少对环境的污染。

三、什么是预制装配式楼梯？预制装配式楼梯的应用技术要求有哪些?

（1）预制装配式楼梯：在工厂制作的两个平台之间的若干连续踏步，或若干连续踏步和平板组合的混凝土构件，运输到建筑施工现场，通过可靠的连接方式在现场装配安装而成的楼梯。

（2）预制装配式楼梯的质量要求。

预制装配式楼梯的外观质量指标和尺寸偏差指标见表 1 和表 2。

表 1　预制装配式楼梯外观质量

<table>
<tr><th colspan="2">项目</th><th>质量要求</th></tr>
<tr><td colspan="2">露筋</td><td>不应有</td></tr>
<tr><td>孔洞</td><td>任何部位</td><td>不应有</td></tr>
<tr><td rowspan="2">蜂窝</td><td>主要受力部位</td><td>不应有</td></tr>
<tr><td>次要部位</td><td>总面积不超过板面积的 0.5%，且每处不超过 0.001 m²；
对于清水混凝土预制楼梯不应有</td></tr>
<tr><td rowspan="2">裂缝</td><td>影响结构性能和使用</td><td>不应有</td></tr>
<tr><td>不影响结构性能和使用</td><td>缝宽不大于 0.1 mm，且不应为通缝；
对于清水混凝土预制楼梯不应有</td></tr>
<tr><td colspan="2">外形缺陷</td><td>影响安装及使用功能的不应有，其他不宜有；
对于清水混凝土预制楼梯不应有</td></tr>
<tr><td colspan="2">外表缺陷</td><td>影响安装及使用功能的不应有，其他不宜有；
对于清水混凝土预制楼梯不应有</td></tr>
<tr><td colspan="2">外表沾污</td><td>不应有</td></tr>
<tr><td colspan="2">预埋件松动</td><td>不应有</td></tr>
</table>

注：①露筋指构件内钢筋未被混凝土包裹而外露的缺陷；

②孔洞指混凝土中破损深度和长度均超过保护层厚度的空穴；

③蜂窝指板混凝土表面缺少水泥砂浆而形成石子外露的缺陷；

④裂缝指从混凝土表面延伸至混凝土内部的缝隙；

⑤外形缺陷指板端头不直、倾斜、缺棱掉角、飞边和凸肋疤瘤；

⑥外表缺陷指表面麻面、掉皮、起砂和漏抹；

⑦外表沾污指构件板表面有油污或粘杂物；

⑧主要受力部位指弯矩或剪力较大部位。

表2　预制装配式楼梯尺寸偏差

项目		允许偏差/mm
长度		±5
预制楼梯、梁、板宽度		±3
梁高度、板厚度		±3
侧向弯曲		L/750 且≤10
翘曲		L/750
表面平整度		3
对角线差		6
踏步高		±2,且相邻两个踏步高度差应不大于 4 mm
踏步宽		±2
预埋件	中心位置偏移	5
	外露尺寸	±3
预留孔洞	中心位置偏移	5
	规格尺寸	+5,0

(3)工程应用及产品标准。

预制装配式楼梯的工程应用及产品标准详见表3。

表3　预制装配式楼梯的工程应用及产品标准

名称	工程应用标准	产品标准
预制装配式楼梯	《装配式混凝土结构技术规程》(JGJ 1) 《装配式混凝土建筑技术标准》(GB/T 51231)	《预制混凝土楼梯》(JG/T 562)

①预制楼梯应根据不同功能建筑进行设计,相关尺寸应符合国家现行有关标准的要求。预制楼梯应按规定程序批准的设计图纸生产。

②预制楼梯用模具应符合《装配式混凝土建筑技术标准》(GB/T 51231)、《装配式混凝土结构技术规程》(JGJ 1)的相关规定。

③混凝土的原材料质量应分别符合《通用硅酸盐水泥》(GB 175)、《混凝土外加剂应用技术规范》(GB 50119)、《用于水泥和混凝土中的粉煤灰》(GB/T 1596)、《普通混凝土用砂、石质量及检验方法标准》(JGJ 52)、《普通混凝土配合比设计规程》(JGJ 55)、《混凝土用水标准》(JGJ 63)等的相关规定。

④钢筋的材质和性能应符合现《钢筋混凝土用钢第 2 部分:热轧带肋钢筋》(GB 1499.2)的规定。

⑤预制楼梯上预留孔或预埋件应按设计要求设置,且应符合国家现行相关标准的规定。

⑥钢筋的混凝土保护层厚度应满足《混凝土结构设计规范(2015 年版)》(GB 50010)的相关要求,并应不小于 20 mm。

⑦预制楼梯生产过程中的质量控制应符合《装配式混凝土建筑技术标准》(GB/T 51231)、《装配式混凝土结构技术规程》(JGJ 1)的有关规定。

⑧预制楼梯面层装修宜在出厂前完成。除踏步面需要二次装修的情况外,预制楼梯踏步面应设置防滑措施。

⑨预制装配式楼梯施工应按《装配式混凝土建筑技术标准》(GB/T 51231)和《装配式混凝土结构技术规程》(JGJ 1)及有关地方标准的规定执行。

第 6 条　无止水构造的对拉丝杆

技术名称	禁止	限制	技术（性能）指标	限制、禁止使用范围	相关理由	替代技术（产品）	执行时间
无止水构造的对拉丝杆		√		不得用于有抗渗等级要求的墙体结构	易造成外墙渗漏	分体式止水丝杆等	2019 年 11 月 6 日起执行

【释义】

一、对拉丝杆有哪些类型？什么是无止水构造的对拉丝杆？什么是分体式止水丝杆？

(1)对拉丝杆有两种类型:一种是带套管的,拆模时可整体抽出,循环使用(拆除后效果如图 3 所示);另一种是永久埋置的,多用于地下外墙或临空墙,中间往往加有止水垫片,拆模后,只需将拉杆露出部分用乙炔或电焊沿根部烧掉,端头涂刷防锈漆,用砂浆找平,即可进行下一步施工。

(2)无止水构造的对拉丝杆(图 4):指中间没有止水垫片的对拉丝杆。它是由螺杆和紧固件组成的,穿越墙体,采用对拉形式连接构件两侧稳固模板,承受新浇混凝土侧压力的器具,通常也称为穿墙螺杆。

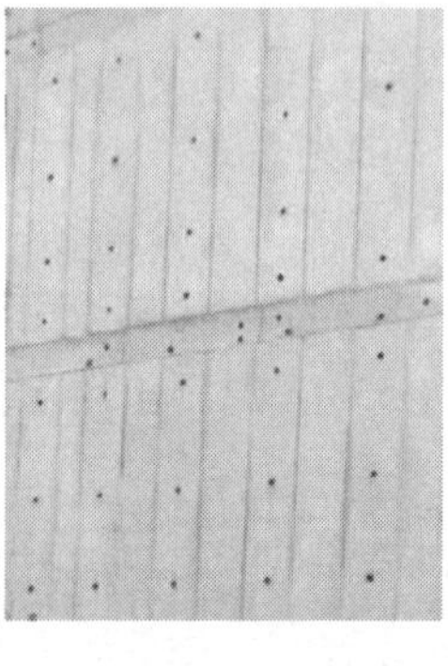

图 3　对拉丝杆拆除后墙体

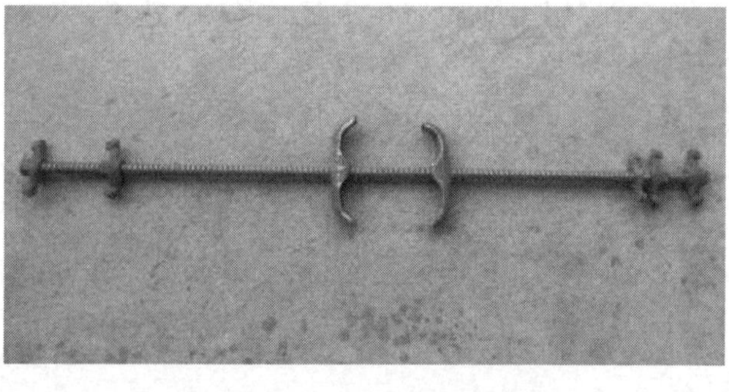

图 4　无止水构造的对拉丝杆

(3)分体式止水丝杆(图5)主要由三部分组成,中间部分为带止水片的止水丝杆(也称内杆),内杆可根据墙体厚度进行定制;两端杆件称为外杆,外杆通过螺母与中间止水丝杆(内杆)连接。

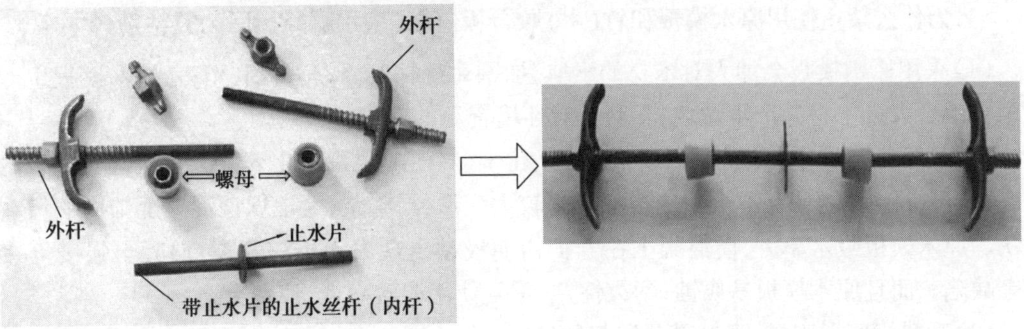

图5　分体式止水丝杆

二、为什么限制使用无止水构造的对拉丝杆?

无止水构造的对拉丝杆,施工时无法有效封堵外墙上的对拉丝杆留洞,易造成外墙渗漏渗水。《混凝土结构工程施工规范》(GB 50666—2011)第4.4.2条"模板面板背楞的截面高度宜统一。模板制作与安装时,面板拼缝应严密。有防水要求的墙体,其模板对拉螺栓中部应设止水片,止水片应与对拉螺栓环焊"。故限制无止水构造的对拉丝杆用于有抗渗等级要求的墙体结构。

三、对拉丝杆应如何选用?

对拉螺栓的选用应按《建筑施工模板安全技术规范》(JGJ 162—2008)第5.2.3条"对拉螺栓应确保内、外侧模能满足设计要求的强度、刚度和整体性"的要求计算后确定。

第7条　原木模板，竹（木）胶合板模板（采用脲醛树脂为胶粘剂）

技术名称	禁止	限制	技术（性能）指标	限制、禁止使用范围	相关理由	替代技术（产品）	执行时间
原木模板,竹(木)胶合板模板(采用脲醛树脂为胶粘剂)	√			严禁用于全市建设工程	资源综合利用率低	组合铝合金模板等	2019年11月6日起执行

【释义】

一、什么是原木模板?什么是竹(木)胶合板模板(采用脲醛树脂作为胶粘剂)?

(1)原木模板:伐倒木经过打枝截梢后按规定截成一定长度、厚度的木条(板)而直接使用,且未经化学加工或特殊处理的模板。

(2)竹(木)胶合板模板(采用脲醛树脂为胶粘剂):以脲醛树脂为胶粘剂、以竹(木)材为主的胶合板。

二、为什么禁止使用原木模板和竹(木)胶合板模板(采用脲醛树脂为胶粘剂)?

(1)采用原木模板会加大对木材的索取,加剧对森林资源的采伐利用;且原木模板生产过程中会浪费大量木材并产生垃圾,不利于对环境资源的保护。

(2)用于生产原木模板的原木未经高温、化学、封闭或层积塑化等方法处理,在干缩、温胀或腐蚀、湿(冻)胀的情况下会造成模板产生较大变形,易漏浆,无法保证混凝土结构的尺寸和形状。原木模板吸水率大,使混凝土在养护初期极易出现失水干缩开裂、混凝土强度等级降低等缺陷。而且原木模板易腐蚀,耐久性差,重复使用周转率低,浪费大。

(3)脲醛树脂遇强酸、强碱易分解,耐候性较差,初粘差、收缩大、脆性大、不耐水、易老化,用脲醛树脂生产的人造板在制造和使用过程中还存在着甲醛释放的问题,危害人体健康。

三、什么是组合铝合金模板?其应用技术要求有哪些?

1.组合铝合金模板

铝合金模板是由铝合金材料制作而成的模板,包括平面模板和转角模板等。它具有自重轻、强度高、加工精度高、单块幅面大、拼缝少、施工方便的特点,适用于墙、柱、梁、板等混凝土结构支模施工、竖向结构外墙爬模与内墙及梁板支模同步施工。组合铝合金模板的技术指标如下:

(1)铝合金带肋面板、各类型材及板材应选用6061-T6、6082-T6或不低于上述牌号的力学性能。

(2)平面模板规格:宽度为100~600 mm,长度为600~3 000 mm,厚度为65 mm。

(3)阴角模板规格:100 mm×100 mm、100 mm×125 mm、100 mm×150 mm、110 mm×150 mm、120 mm×150 mm、130 mm×150 mm、140 m×150 mm、150 mm×150 mm,长度为600~3 000 mm。

(4)阳角模板规格:65 mm×65 mm。

(5)独立支撑常用可调长度:1 900~3 500 mm。

(6)墙体模板支点间距为800 mm,在模板上加垂直均布荷载为30 kN/m^2时,最大挠度不应超过2 mm;在模板上加垂直均布荷载到45 kN/m^2,持荷时间大于2 h时,应不发生局部破坏或折曲,卸荷后残余变形不超过0.2 mm,所有焊点无裂纹或撕裂;楼板模板支点间距为1 200 mm,支点设在模板两端,最大挠度不应超过1/400,且不应超过2 mm。

2.工程应用及产品标准

工程应用及产品标准详见表4。

表4 组合铝合金模板工程应用及产品标准

名称	工程应用标准	产品标准
组合铝合金模板	《组合铝合金模板工程技术规程》(JGJ 386)	《铝合金模板》(JG/T 522)

(1)组合铝合金模板由铝合金带肋面板、端板、主次肋焊接而成,是用于现浇混凝土结构施工的一种组合模板。

(2)组合铝合金模板分为平面模板、平模调节模板、阴角模板、阴角转角模板、阳角模板、阳角调节模板、铝梁、支撑头和专用模板。

(3)每项工程采用的铝合金模板都应进行配模设计,优先使用标准模板和标准角模,剩余部分配置一定的镶嵌模板。对于异型模板,宜采用角铝胶合板模板、木方胶合板或塑料板模板补缺,力求减少非标准模板比例。

(4)每项工程出厂前应进行预拼装,以检查设计和加工质量,确保工地施工时一次安装成功。

(5)采用铝合金模板施工,可配备一层模板和三层支撑,对构件截面变化采用调节板局部调整。

(6)组合铝合金模板施工应按《组合铝合金模板工程技术规程》(JGJ 386)的规定执行。应注意以下几点:

①编制组合铝合金模板专项施工方案,确定施工流水段的划分,绘制配模平面图,计算所需的模板规格与数量。

②模板安装前需要进行测量放线和楼面抄平,必要时在模板底边范围内做好找平层抹灰带,局部不平整可临时加垫片,进行砂浆勾缝处理。

③绑扎墙体钢筋时,对偏离墙体边线的下层插筋进行校正处理;在墙角、墙中及墙高度上、中、下位置设置控制墙面截面尺寸的混凝土撑。

④安装门窗洞口模板,预埋木盒、铁件、电器管线、接线盒、开关盒等,合模前必须通过隐蔽工程验收。

⑤铝模板就位安装按照配模图对号入座,模板之间采用插销及销片连接;模板经靠尺检查并调整垂直后,紧固对拉螺栓或对拉片。

⑥独立支撑及斜撑的布置需严格按相关规范和模板施工方案进行。

⑦可采取墙柱梁板一起支模、一起浇筑混凝土的施工方法,要求混凝土施工时分层浇筑、分层振捣。在混凝土达到拆模设计强度后,按规范要求有序进行模板拆除。

⑧拆除后的模板由下层到上层的运输,采取在楼板上预留洞口,由人工倒运的方式。拆除后的模板应及时清理和涂刷隔离剂。

3.技术经济性

组合铝合金模板周转使用次数多、摊销费用低、回收价值高,有较好的综合经济效益,具有应用范围广、成型混凝土表面质量高、建筑垃圾少的技术优势。铝合金水平模板采用独立支撑,独立支撑的支撑头分为板底支撑头、梁底支撑头,板底支撑头与单斜铝梁和双斜铝梁连接。铝合金水平模板与独立支撑形成的支撑系统可实现模板早拆,模板和支撑系统一次投入量大大减少,节省了装拆用工和垂直运输用工,降低了工程成本,保持了施工现场的文明整洁,符合建筑工业化、环保节能的要求。

第8条　组合小钢模

技术名称	禁止	限制	技术（性能）指标	限制、禁止使用范围	相关理由	替代技术（产品）	执行时间
组合小钢模		√		不得用于全市房屋建筑工程的楼板及剪力墙	易漏浆、露筋、爆模，施工效率低	组合铝合金模板等	2019年11月6日起执行

【释义】

一、什么是组合小钢模？

组合小钢模（图6）：宽度为100~300 mm、长度为450~1 500 mm、面板采用Q235钢板制成、面板公称厚度不小于2.5 mm的钢模板。

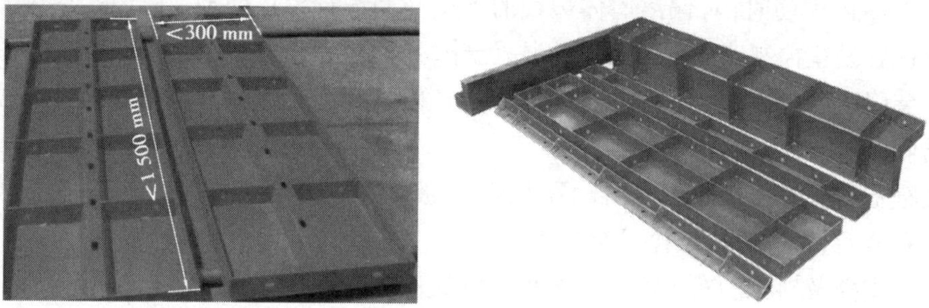

图6　组合小钢模

二、为什么限制使用组合小钢模？

（1）组合小钢模存在整体强度差、拼缝多、易爆模和漏浆、几何尺寸不易保证、易出现露筋等问题。

（2）组合小钢模的加固方式一般是在竖向构件断面尺寸控制上采用传统的对拉片、对拉螺栓工艺；在模板的整体性控制上多采用扣件连接、钢管架支撑体系。这种方式虽然模板的标准化程度较高，但同时存在加固支撑体系的标准化程度差、连接程序劳动量消耗较大等缺陷。同时，目前使用的组合钢模板由于强度较低，成型焊接质量差，母材厚度不符合标准要求的居多，在使用不长时间后往往会出现变形量过大、肋板开裂等质量缺陷，造成模板面板拼接后不符合建筑模数，必须通过增加木条等其他辅助措施来满足整体尺寸，造成标准化程度降低、观感质量难以保证等缺陷，给施工带来诸多不便。

（3）组合小钢模在形成整体的过程中为人工组装，施工受限，效率低。由于作业工人技术水平存在差异，且工程量大，往往造成模板体系的不均匀性，致使混凝土浇筑过程中时常发生胀模、爆模等现象，使小模板的各方面缺陷显得更突出。

第 9 条 全铸铁扣件

技术名称	禁止	限制	技术（性能）指标	限制、禁止使用范围	相关理由	替代技术（产品）	执行时间
全铸铁扣件	√		1.自重<13.2 N/个的直角型全铸铁扣件； 2.自重<14.6 N/个的旋转型全铸铁扣件； 3.自重<18.4 N/个对接型全铸铁扣件	严禁用于全市建设工程	性能指标难以符合标准要求	符合《建筑施工扣件式钢管脚手架安全技术规范》(JGJ 130)要求的扣件	2019 年 11 月 6 日起执行

【释义】

一、什么是全铸铁扣件？它有哪些类型？

全铸铁扣件：用可锻铸铁制造的用于固定脚手架、井架等支撑体系的连接部件，可分为直角扣件、旋转扣件和对接扣件。其中，直角扣件是指连接两根呈垂直交叉钢管的扣件，旋转扣件是指连接两根呈任意角度交叉钢管的扣件，对接扣件是指连接两根对接钢管的扣件。

二、为什么禁止使用全铸铁扣件？

根据《建筑施工扣件式钢管脚手架安全技术规范》(JGJ 130—2011)中附录 A 计算用表 A.0.4 中的规定，直角型全铸铁扣件最小自重为 13.2 N/个，旋转型全铸铁扣件最小自重 14.6 N/个，对接型全铸铁扣件最小自重为 18.4 N/个。当扣件自重小于规范要求值时，会严重影响扣件承载力，最终影响脚手架的整体稳定性，存在安全隐患。

三、符合《建筑施工扣件式钢管脚手架安全技术规范》(JGJ 130)要求的扣件有哪些？

1.全铸铁直角扣件

直角扣件单个自重应≥13.2 N/个(≥1.32 kg)，直角扣件的力学性能应符合表 5 的要求。

表 5 直角扣件力学性能

性能名称	性能要求
抗滑	$P=7.0$ kN 时，$\Delta_1 \leqslant 7.00$ mm；$P=10.0$ kN 时，$\Delta_2 \leqslant 0.50$ mm
抗破坏	$P=25.0$ kN 时，各部位不应破坏
扭转刚度	扭力矩为 900 N · m 时，$f \leqslant 70.0$ mm

注：f 为扭转刚度试验的位移值；P 为荷载；Δ_1 为横管的位移值；Δ_2 为竖管上扣件盖板的位移值。

2.全铸铁旋转扣件

旋转扣件单个自重应≥14.6 N/个（≥1.46 kg），旋转扣件的力学性能应符合表6的要求。

表6 旋转扣件力学性能

性能名称	性能要求
抗滑	P=7.0 kN时，Δ_1≤7.00 mm；P=10.0 kN时，Δ_2≤0.50 mm
抗破坏	P=17.0 kN时，各部位不应破坏

注：P为荷载；Δ_1为横管的位移值；Δ_2为竖管上扣件盖板的位移值。

3.全铸铁对接扣件

对接扣件单个自重应≥18.4 N/个（≥1.84 kg），对接扣件的力学性能应符合表7的要求。

表7 对接扣件力学性能

性能名称	性能要求
抗拉	P=4.0 kN时，Δ≤2.00 mm

注：P为荷载；Δ为抗拉试验的位移值。

4.工程应用及产品标准

工程应用及产品标准详见表8。

表8 全铸铁扣件工程应用及产品标准

全铸铁扣件名称	工程应用标准	产品标准
直角扣件	《建筑施工扣件式钢管脚手架安全技术规范》（JGJ 130）	《钢管脚手架扣件》（GB 15831）
旋转扣件		
对接扣件		

（1）扣件应按规定程序批准的图样进行生产。

（2）扣件铸铁的材料应采用《可锻铸铁件》（GB/T 9440）中所规定的力学性能不低于KTH 330-08牌号的可锻铸铁。

（3）扣件在主要部位不得有缩松、夹渣、气孔等铸造缺陷。扣件应严格整形，与钢管的贴合面应紧密接触，应保证扣件的抗滑、抗拉性能。

（4）扣件（除底座外）应经过65 N·m的扭力矩试压，扣件各部位不应有裂纹。

（5）扣件各部位不应有裂纹。

（6）扣件表面大于10 mm^2的砂眼不应超过3处，且累计面积不应大于50 mm^2。

（7）扣件表面粘砂面积累计不应大于150 mm^2。

（8）扣件表面凸（或凹）的高（或深）值不应大于1 mm。

（9）扣件与钢管接触部位不应有氧化皮，其他部位氧化皮面积累计不应大于150 mm^2。

(10)活动部位应转动灵活,旋转扣件两旋转面间隙应小于 1 mm。

(11)产品的型号、商标、生产年号应在醒目处铸出,字迹、图案应清晰完整。

(12)扣件表面应进行防锈处理(不应采用沥青漆),油漆应均匀美观,不应有堆漆或露铁。

(13)扣件应有生产许可证、法定检测单位的测试报告和产品质量合格证。当对扣件质量有怀疑时,应按《钢管脚手架扣件》(GB 15831)的规定抽样检测。

(14)扣件进入施工现场应检查产品合格证,并应进行抽样复试,技术性能应符合《钢管脚手架扣件》(GB 15831)的规定。扣件在使用前应逐个挑选,有裂缝、变形、螺栓出现滑丝的严禁使用。

第 10 条　竹(木)脚手架,扣件式钢管悬挑脚手架,大模板悬挂脚手架

技术名称	禁止	限制	技术(性能)指标	限制、禁止使用范围	相关理由	替代技术(产品)	执行时间
竹(木)脚手架,扣件式钢管悬挑脚手架,大模板悬挂脚手架	√			严禁用于全市建设工程	整体性差,存在安全隐患	符合标准要求的其他脚手架	2019 年 11 月 6 日起执行

【释义】

一、什么是竹(木)脚手架?什么是扣件式钢管悬挑脚手架?什么是大模板悬挂脚手架?

(1)竹(木)脚手架:用绑扎材料将以竹(木)竿为立杆、纵向水平杆、横向水平杆、顶杆、剪刀撑等杆件连接而成的有若干侧向约束的脚手架。

(2)扣件式钢管悬挑脚手架:以钢管作为支承结构的脚手架,钢管作为悬挑梁,承受脚手架立杆的轴向力。

(3)大模板悬挂脚手架:通过穿墙螺栓悬挂在建筑结构上的三角钢架,并在两片钢架之间铺设脚手板的脚手架。

二、为什么禁止使用竹(木)脚手架、扣件式钢管悬挑脚手架及大模板悬挂脚手架?

(1)竹(木)脚手架的原材料大部分为人工林间砍伐,普遍因生长期不足达不到规定的直径和材质要求;竹(木)脚手架的搭设为人工捆绑,钉铆施工,其搭设高度、强度、施工荷载和抗风荷载等性能难以达到设计安全要求;易变形、易摇晃,稳定性差,易发生倾斜垮塌事故,安全性差。

(2)现场租赁的钢管普遍存在壁厚、材质参差不齐的问题,原材料达不到规范要求;悬挑梁采用钢管,用其承载脚手架竖向受力,钢管悬挑梁抗弯强度、整体稳定性和挠度均达不到要求,架体存在安全隐患。同时,规范规定扣件在螺栓拧紧扭力矩达到 65 N·m 时,不得发生破坏(螺栓拧紧扭力矩不应小于 40 N·m,且不应大于 65 N·m),但施工现场工人在操作时,部分扣件螺栓、螺杆存在滑丝现象,且有扣件螺栓力矩施工时根本未达到 40 N·m。

（3）根据《建筑施工高处作业安全技术规范》（JGJ 80）的相关要求，悬空安装大模板、吊装第一块预制构件、吊装单独的大中型预制构件时，必须站在操作平台上操作，吊装中的大模板构件上严禁站人和行走。标准还规定：支模应按规定的作业程序进行，模板未固定前不得进行下道工序；严禁在连接件和支撑件上上下攀登，并严禁在上下同一垂直面上安拆模板；结构复杂的模板，装拆应严格按照施工组织设计的措施进行。实践表明，大模板悬挂脚手架在安装过程中，施工人员必须站在起重机吊起的架体上作业，由于结构缺陷，架体横向稳定性差，抗风荷载能力差，容易造成架体倾翻，极易发生坠落事故。

三、建设工程中常用的脚手架有哪些？

1.碗扣式钢管脚手架

碗扣式钢管脚手架是节点采用碗扣方式连接的钢管脚手架。它主要由立杆、纵向水平杆、横向水平杆、间水平杆、纵向扫地杆、横向扫地杆、竖向斜撑杆、剪刀撑、水平斜撑杆、连墙件、底座、脚手板、挡脚板、栏杆、扶手等构件组成。其构件的主参数（长度）及主要构件强度详见表 9 和表 10。

表 9　碗扣式钢管脚手架主参数系列

名称	型式代号	主参数系列/mm
立杆	LG	1 200、1 800、2 400、3 000
顶杆	DG	900、1 200、1 500、1 800、2 400、3 000
横杆	HG	300、600、900、1 200、1 500、1 800、2 400
斜杆	XG	1 697、2 160、2 343、2 546、3 000
可调底座	KTZ	450、600、750
可调托撑	KTC	450、600、750

表 10　主要构件强度指标

项目	要求
上碗扣强度	当 P=30 kN 时，各部位不应破坏
下碗扣焊接强度	当 P=60 kN 时，各部位不应破坏
横杆接头强度	当 P=50 kN 时，各部位不应破坏
横杆接头焊接强度	当 P=25 kN 时，各部位不应破坏
可调支座抗压强度	当 P=100 kN 时，各部位不应破坏

注：P 为试验荷载。

2.门式钢管脚手架

门式钢管脚手架是以门架、交叉支撑、连接棒、水平架、锁臂、底座等组成基本结构，再以水平加固杆、剪刀撑、扫地杆加固，能承受相应荷载，具有安全防护功能，为建筑施工提供作业条件的一种定型化钢管脚手架。

门式作业脚手架:采用连墙件与建筑物主体结构附着连接,为建筑施工提供作业平台和安全防护的门式钢管脚手架。它包括落地作业脚手架、悬挑脚手架、架体构架以及门架搭设的建筑施工用附着式升降作业安全防护平台。

周转使用的门架与配件的质量类别可分为A、B、C、D四类,并应符合下列规定:

A类:有轻微变形、损伤、锈蚀。经清除粘附砂浆泥土等污物、除锈、重新油漆等保养工作后可继续使用。

B类:有一定程度变形或损伤,锈蚀轻微。经矫正、平整、更换部件、修复、补焊、除锈、油漆等修理保养后可继续使用。

C类:锈蚀较严重。应抽样进行荷载试验后确定能否使用。经试验确定可使用者,应按B类要求经修理保养后可使用;不能使用者,应按D类处理。

D类:有严重变形、损伤或锈蚀。不得修复,应按报废处理。

门架与配件质量类别判定及划分标准详见表11—表15。A类:表中所列A类项目全部符合;B类:表中所列B类项目有一项或一项以上符合,但不应有C类或D类中任一项;C类:表中C类项目有一项或一项以上符合,但不应有D类中任一项;D类:表中D类项目有任一项符合。

表11　门架质量分类

部位及项目		A类	B类	C类	D类
立杆	弯曲	≤4 mm	>4 mm	—	—
	裂纹	无	微小	—	有
	下凹	无	轻微	较严重	≥4 mm
	壁厚	≥2.2 mm	—	—	<2.2 mm
	端面不平整	≤0.3 mm	—	—	>0.3 mm
	锁销损坏	无	损伤或脱落	—	—
	锁销间距	±1.5 mm	>1.5 mm <-1.5 mm	—	—
立杆	锈蚀	无或轻微	有	较严重 (鱼鳞状)	深度≥0.3 mm
	立杆(中-中) 尺寸变形	±5 mm	>5 mm <-5 mm	—	—
	下部堵塞	无或轻微	较严重	—	—
	立杆下部长度	≤400 mm	>400 mm	—	—
横杆	弯曲	无或轻微	严重	—	—
	裂纹	无	轻微	—	有

续表

部位及项目		A类	B类	C类	D类
横杆	下凹	无或轻微	≤3 mm	—	>3 mm
	锈蚀	无或轻微	有	较严重	深度≥0.3 mm
	壁厚	≥2 mm	—	—	<2 mm
加强杆	弯曲	无或轻微	有	—	—
	裂纹	无	有	—	—
	下凹	无或轻微	有	—	—
	锈蚀	无或轻微	有	较严重	深度≥0.3 mm
其他	焊接脱落	无	轻微缺陷	严重	—

表12　脚手板质量分类

部位及项目		A类	B类	C类	D类
脚手板	弯曲	无	轻微	较严重	严重
	下凹	无或轻微	有	较严重	—
	锈蚀	无或轻微	有	较严重	深度≥0.2 mm
	面板厚	≥1.0 mm	—	—	<1.0 mm
搭钩零件	裂纹	无	—	—	有
	锈蚀	无或轻微	有	较严重	深度≥0.2 mm
	铆钉损坏	无	损伤、脱落	—	—
	弯曲	无	轻微	—	严重
	下凹	无	轻微	—	严重
	锁口损坏	无	脱落、损伤	—	—
其他	脱焊	无	轻微	—	严重
	整体变形、翘曲	无	轻微	—	严重

表13　交叉支撑质量分类

部位及项目	A类	B类	C类	D类
弯曲	≤3 mm	>3 mm	—	—
端部孔周裂纹	无	轻微	—	严重
下凹	无或轻微	有	—	严重

续表

部位及项目	A类	B类	C类	D类
中部铆钉脱落	无	有	—	—
锈蚀	无或轻微	有	—	严重

表 14 连接棒质量分类

部位及项目	A类	B类	C类	D类
弯曲	无或轻微	有	—	严重
锈蚀	无或轻微	有	较严重	深度≥0.2 mm
凸环脱落	无	轻微	—	—
凸环倾斜	≤0.3 mm	>0.3 mm	—	—

表 15 可调底座、可调托座质量分类

部位及项目		A类	B类	C类	D类
螺杆	螺牙缺损	无或轻微	有	—	严重
	弯曲	无	轻微	—	严重
	锈蚀	无或轻微	有	较严重	严重
扳手、螺母	扳手断裂	无	轻微	—	—
	螺母转动困难	无	轻微	—	严重
	锈蚀	无或轻微	有	较严重	严重
底板	翘曲	无或轻微	有	—	—
	与螺杆不垂直	无或轻微	有	—	—
	锈蚀	无或轻微	有	较严重	严重

3.扣件式钢管脚手架

扣件式钢管脚手架是为建筑施工而搭设的、承受荷载的由扣件和钢管等构成的脚手架与支撑架。其主要构件的参数详见表 16。

表 16 扣件式钢管脚手架钢管、扣件参数

名称	参数
钢管	应采用符合标准的 Q235 普通钢，宜采用 ϕ48.3×3.6 钢管，每根钢管的最大质量不应大于 25.8 kg
直角扣件	自重不小于 13.2 N/个

续表

名称	参数
旋转扣件	自重不小于 14.6 N/个
对接扣件	自重不小于 18.4 N/个

4.附着式升降脚手架

附着式升降脚手架是搭设一定高度并附着于工程结构上，依靠自身的升降设备和装置，可随工程结构逐层爬升或下降，具有防倾覆、防坠落装置的外脚手架。根据构造形式不同，可分为整体式附着升降脚手架和单跨式附着升降脚手架。其构造特点和参数详见表 17。

表 17　附着式升降脚手架构造特点及参数

名称	特点及参数
附着式升降脚手架	主要由水平支承桁架、竖向主框架、附墙支座、悬臂梁、钢拉杆、竖向桁架、三角臂等组成。架体钢管应采用 ϕ48.3×3.6 mm 的规格，采用符合标准要求的 Q235 号普通钢

5.型钢悬挑脚手架

型钢悬挑脚手架是以型钢悬挑梁作为钢管脚手架的支撑结构的脚手架，其构造特点和参数详见表 18。

表 18　型钢悬挑脚手架构造特点及参数

名称	特点及参数
型钢悬挑脚手架	双轴对称截面的型钢采用 U 形钢筋拉环或不小于 16 mm 的锚固螺栓固定于混凝土楼板上，以型钢悬挑梁作为钢管脚手架的支撑结构。一次悬挑脚手架高度不宜超过 20 m

6.工程应用及产品标准

工程应用及产品标准详见表 19。

表 19　常用脚手架工程应用及产品标准

<table>
<tr><th>名称</th><th>工程应用标准</th><th>产品标准</th></tr>
<tr><td>碗扣式钢管脚手架</td><td rowspan="5">《建筑施工脚手架安全技术统一标准》
（GB 51210）
《建筑施工碗扣式钢管脚手架安全技术规范》
（JGJ 166）
《建筑施工门式钢管脚手架安全技术标准》
（JGJ/T 128）
《建筑施工扣件式钢管脚手架安全技术规范》
（JGJ 130）
《建筑施工工具式脚手架安全技术规范》
（JGJ 202）</td><td rowspan="5">《碗扣式钢管脚手架构件》
（GB 24911）
《门式钢管脚手架》
（JG 13）
《钢管脚手架扣件》
（GB 15831）
《建筑脚手架用焊接钢管》
（YB/T 4202）</td></tr>
<tr><td>门式钢管脚手架</td></tr>
<tr><td>扣件式钢管脚手架</td></tr>
<tr><td>附着式升降脚手架</td></tr>
<tr><td>型钢悬挑式脚手架</td></tr>
</table>

常用脚手架的设计、施工、使用及管理应符合《建筑施工脚手架安全技术统一标准》(GB 51210)、《建筑施工碗扣式钢管脚手架安全技术规范》(JGJ 166)、《建筑施工门式钢管脚手架安全技术标准》(JGJ/T 128)、《建筑施工扣件式钢管脚手架安全技术规范》(JGJ 130)、《建筑施工工具式脚手架安全技术规范》(JGJ 202)、《建筑施工扣件式钢管脚手架安全技术规范》(JGJ 130)、《建筑施工门式钢管脚手架安全技术标准》(JGJ/T 128)的相关要求,还应注意以下几点。

(1)作业脚手架连墙件的安装必须符合下列规定:

①连墙件的安装必须随作业脚手架同步进行,严禁滞后安装。

②当作业脚手架操作层高处相邻连墙件 2 个步距以上时,在上层连墙件安装完毕前,必须采取临时拉接措施。

(2)脚手架的拆除作业必须符合下列规定:

①架体的拆除应从上而下逐层进行,严禁上下同时作业。

②同层杆件和构配件必须按先外后内的顺序拆除;剪刀撑、斜撑杆等加固杆件必须在拆卸至该杆件所在部位时再拆除。

③作业脚手架连墙件必须随架体逐层拆除,严禁先将连墙件整层或数层拆除后再拆架体。拆除作业过程中,当架体的自由端高度超过 2 个步距时,必须采取临时拉结措施。

(3)脚手架作业层上的荷载不得超过设计允许荷载。

(4)严禁将支撑脚手架、缆风绳、混凝土输送泵管、卸料平台及大型设备的支承件等固定在作业脚手架上。严禁在作业脚手架上悬挂起重设备。

第 11 条　普通型附着式升降脚手架(竖向主框架为单片或空间桁架结构,水平支承桁架为空间结构,架体构架为扣件式钢管脚手架,外立面防护采用安全网的附着式升降脚手架)

技术名称	禁止	限制	技术(性能)指标	限制、禁止使用范围	相关理由	替代技术(产品)	执行日期
普通型附着式升降脚手架(竖向主框架为单片或空间桁架结构,水平支承桁架为空间结构,架体构架为扣件式钢管脚手架,外立面防护采用安全网的附着式升降脚手架)	√			严禁用于全市建设工程	存在安全隐患,影响安全文明施工	装配型附着式升降脚手架等	2019 年 11 月 6 日起执行

【释义】

一、什么是普通型附着式升降脚手架(竖向主框架为单片或空间桁架结构,水平支承桁架为空间结构,架体构架为扣件式钢管脚手架,外立面防护采用安全网的附着式升降脚手架)?

(1)附着式升降脚手架:搭设在一定高度并附着于工程结构上,依靠自身的升降设备和装置,可随工程结构逐层爬升或下降,具有防倾覆、防坠落和同步升降功能的外脚手架。其架体结构主要由竖向主框架、水平支承结构、架体构架三部分组成。

(2)普通型附着式升降脚手架(图 7):俗称“传统架”,特点是竖向主框架为平面桁架结构或空间桁架结构,水平支承结构为空间桁架结构,架体构架为扣件式钢管脚手架或节点为其他连接方式的钢管架,铺设竹、木脚手板或胶合板脚手板,外立面防护结构为密目式安全网。

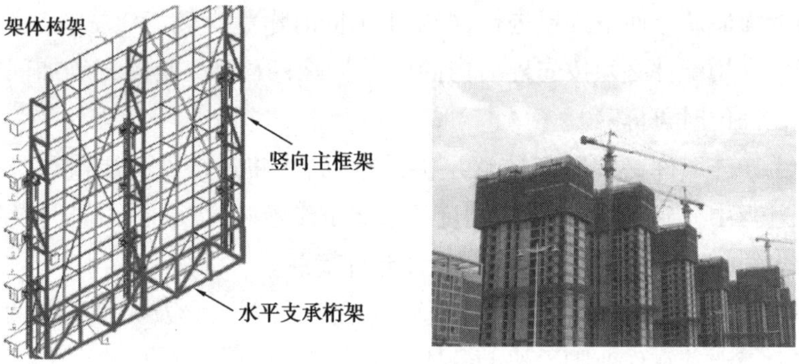

图 7　普通型附着式升降脚手架(俗称“传统架”)

二、为什么禁止使用普通型附着式升降脚手架?

(1)附着式升降脚手架普遍用于高层或超高层建筑物上,使用高度相对较高,使用周期相对较长,其架体外立面和水平面防高处坠落和防火要求均很高。而普通型附着式升降脚手架的外立面防护采用密目安全网,水平面防护采用脚手板为竹、木材料,随使用时间的增长,其防火性能越来越差,高空失火后灭火难度很大。且此类脚手架为悬挂受力体系,受荷集中,一旦主要受力装置过火,体系坍塌风险大。

(2)普通型附着式升降脚手架外立面防护采用的密目安全网,其防冲击性能弱,容易发生高空坠物风险,且外立面安全网破损后防护形象品质较差。

三、替代技术有哪些?

(1)全钢爬架(图 8):竖向主框架、水平支撑结构的架体构架均采用型钢或铝型材,在施工现场组装,定型的钢脚手板与架体用螺栓连接在一起,外立面防护采用钢网片防护网的装配型附着升降脚手架。

(2)半钢爬架(图 9):在传统架的基础上,外立面防护用钢网片防护网替换原密目式安全网,其他构造不变,架体结构采取适当加强处理的普通型附着式升降脚手架。

图 8　全钢架

图 9　半钢架

第 12 条　扣件式钢管悬挑卸料平台、扣件式钢管落地卸料平台

技术名称	禁止	限制	技术（性能）指标	限制、禁止使用范围	相关理由	替代技术（产品）	执行日期
扣件式钢管悬挑卸料平台、扣件式钢管落地卸料平台	√			严禁用于全市建设工程	整体性差，存在安全隐患	符合标准要求的型钢卸料平台等其他卸料平台	2019 年 11 月 6 日起执行

【释义】

一、什么是扣件式钢管悬挑卸料平台？什么是扣件式钢管落地卸料平台？

(1)扣件式钢管悬挑卸料平台:采用钢管作为立柱、纵横杆、剪刀撑、横梁等杆件,扣件铰接固定,现场以悬挑形式搁置或固定在建筑物结构边沿,不能移动,以多次承载物料为目的的接料平台。

(2)扣件式钢管落地卸料平台:采用钢管作为立柱、纵横杆、剪刀撑、横梁等杆件,扣件铰接固定,现场从地面或楼面搭设,不能移动,以多次承载物料为目的的接料平台。

二、为什么禁止使用扣件式钢管悬挑卸料平台和扣件式钢管落地卸料平台?

(1)扣件式钢管悬挑卸料平台和扣件式钢管落地卸料平台的尺寸、形式、构造多样化,搭设前未经过正式的结构设计和计算,仅通过经验临时制作而成,搭设参数难以满足承载力要求。

(2)安拆简单,现场搭设的随意性大,高宽比多数情况均超过1∶1,施工现场很难管控到位,无法按《建筑施工扣件式钢管脚手架安全技术规范》(JGJ 130)中的构造要求进行搭设及材料验收。

(3)在使用过程中,在频繁大负荷集中动载冲击下,扣件式钢管支撑体系的扣件极易松动滑移失稳,稳定性差,安全隐患大。

第13条　滑（溜）槽（搁置于脚手架上）

技术名称	禁止	限制	技术（性能）指标	限制、禁止使用范围	相关理由	替代技术（产品）	执行时间
滑（溜）槽（搁置于脚手架上）	√			严禁用于全市建设工程	存在安全隐患，影响安全文明施工	符合标准要求的型钢卸料平台等其他卸料平台	2019年11月6日起执行

【释义】

一、什么是滑(溜)槽(搁置于脚手架上)?

滑(溜)槽(搁置于脚手架上):自制的搁置于脚手架上一种用来从高处向低处运送材料的木制梭槽。

二、为什么禁止使用滑(溜)槽(搁置于脚手架上)?

(1)按照《建筑施工安全检查标准》(JGJ 59)的要求:卸料平台应制作成定型化、工具化的产品,采用钢丝绳吊拉或型钢支撑式,并合理地与建筑结构连接。卸料平台应为自承重受力系统,严禁与脚手架连接,防止给脚手架增加不利荷载,影响脚手架的稳定性和平台的安全使用。《建筑施工脚手架安全技术统一标准》(GB 51210)提出严禁将支撑脚手架、缆风绳、混凝土输送泵管、卸料平台及大型设备的支承件等固定在作业脚手架上,严禁在作业脚手架上悬挂起重设备。而搁置(搭设)于外脚手架上滑(溜)槽是附着于外脚手架,现场临时作为上层向下层运输(转)物的滑槽,由于结构缺陷,不仅增加了脚手架堆码物料的静荷载和输送物料的动荷载,降低脚手架抗风荷载能力,物料冲出滑槽会造成落物伤人,且属于施工现场工人凭经验临时搭设,未经过结构安全计算,无安全保护装置,故禁止搁置于外脚手架上滑(溜)槽在建设工程中使用。

(2)支撑脚手架的特点是由多排多列立杆组成,无侧向支撑,或虽有侧向支撑(连墙件、缆风绳、侧向支撑杆),但侧向支撑只起辅助侧向稳定作用。滑(溜)槽(搁置于脚手架上)会对架体产生侧向力,架体强度及整体稳定性达不到安全使用要求,易发生垮塌事故。

(3)在材料卸载时,人员站在脚手架上,无可靠立足点,且无防护措施,易造成高处坠落事故。

(4)搁置于脚手架上的滑(溜)槽需在外立面脚手架上开洞,使用过程中由于砂浆、混凝土等掉落,易污染外立面,造成立面形象受损,影响现场文明施工。

三、什么是型钢卸料平台?应用技术要求有哪些?

1.型钢卸料平台

型钢卸料平台是以型钢为结构构件,在施工现场组装,其一端与建筑物主体结构连接固定,另一端通过斜拉钢丝绳拉结锚固形成悬挑构筑物的施工卸料运转平台。型钢卸料平台为自承重传力系统,有支撑点、拉结点、止挡件、保险卡等防护装置,且不与脚手架连接,不影响脚手架的稳定性。型钢卸料平台的构配件、荷载需满足《装配式超载自动报警型钢卸料平台技术规程》(DBJ/T 50-101)的规定。卸料平台两侧面设置固定的防护栏杆,其立杆与主挑梁焊接固定。防护栏杆内侧采用钢板网封闭,并挂设限载标志牌。外架平台处的横杆应采用搭接方式,以便拆改后卸料平台能顺利安装和使用。卸料平台在使用过程中,用模板竖向封闭两侧及前方,以防止杂物坠落。

2.工程应用及产品标准

工程应用及产品标准详见表20。

表20 型钢卸料平台工程应用及产品标准

名称	工程应用标准	产品标准
型钢卸料平台	《建筑施工安全检查标准》(JGJ 59) 《建筑施工扣件式钢管脚手架安全技术规范》(JGJ 130) 《重庆市自动报警型钢卸料平台技术规范》(DBJ/T 50-101)	《优质碳素结构钢》(GB/T 699) 《低合金高强度结构钢》(GB/T 1591) 《低压流体输送用焊接钢管》(GB/T 3091) 《钢丝绳用普通套环》(GB/T 5974.1) 《钢丝绳夹》(GB/T 5976) 《重要用途钢丝绳》(GB 8918)

(1)平台的支承点以及上部的拉结点必须位于建筑物主要承重结构上,不得设置在脚手架等临时设施上。

(2)平台主梁在建筑物上支承长度不应小于600 mm。在主梁支承点处应加设止挡件。

(3)钢平台安装,钢丝绳应采用专用的挂钩挂牢。采用钢丝绳卡子固定时受力卡子不得少于3个,并附一只加设安全弯的保险卡子;与钢丝绳接触的物体尖锐棱角应采取防止钢丝绳受剪的保护措施;钢平台外口应略高于里口;钢丝绳与平台面夹角不得小于45°。

(4)平台应经过验收合格后方可投入使用,验收应根据设计图纸并参照《钢结构工程施工质量验收规范》(GB 50205)进行。

(5)平台在每次投入使用前均应对其平台构配件(主梁、次梁、斜拉钢丝绳等)、焊缝、防护设施等进行检查,凡杆件变形、焊缝开裂、金属严重锈蚀、台面及防护栏杆不严密时,必须停止使用。

(6)平台安装、拆除必须使用起重设备,安装、拆卸时应将平台上的物料清理干净;拆除后应对所有钢构件进行除锈,并涂刷油漆保护。

(7)平台应在其显著位置标明允许使用荷载及使用规定。

(8)平台放置物料时必须轻吊轻放,物料应靠近平台中央均匀堆放。

(9)物料应堆放整齐,零散物料应使用容器吊运,堆放物料及容器高度不得超过 1.5 m,不得将物料堆靠在防护栏杆上。

(10)平台上的物料必须及时清运,做到工完料清。

3.技术经济性

型钢卸料平台具有安全性能好、周转次数多、综合利用率高、转运安拆方便等特点,能为施工人员提供一个良好、安全的施工环境。

第 14 条　简易吊（挂）架（用于外墙施工）

技术名称	禁止	限制	技术（性能）指标	限制、禁止使用范围	相关理由	替代技术（产品）	执行时间
简易吊(挂)架(用于外墙施工)	√			严禁用于全市建设工程	缺少安全措施,存在安全隐患	符合标准要求的电动吊篮、脚手架	2019 年 11 月 6 日起执行

【释义】

一、什么是简易吊(挂)架(用于外墙施工)?

简易吊(挂)架(用于外墙施工):用钢筋焊成梯形架体,挂在外墙上,在梯形架体的横梁上铺设脚手板后,作为砌筑和装修脚手架使用的简易操作架。

二、为什么禁止使用简易吊(挂)架(用于外墙施工)?

(1)简易吊(挂)架属于自制吊篮,不符合《建筑施工高处作业安全技术规范》(JGJ 80—2016)第 5.2.9 条“高处作业不得使用座板式单人吊具,不得使用自制吊篮”的要求。

(2)简易吊(挂)架无制动器、防坠落装置等安全保障装置,无法保证操作人员的安全。

(3)简易吊(挂)架未经过结构设计计算,无安全保护装置,加工安装队伍无相应资质,仅通过施工现场工人凭经验临时制作而成,制作粗糙,缺少安全措施。

三、什么是电动吊篮?电动吊篮有哪些形式?应用技术要求有哪些?

1.电动吊篮的定义

电动吊篮是将悬挂装置架设于建筑物或构筑物上,起升机构通过钢丝绳驱动平台沿立面上下运行的一种非常设悬挂接近设备。

2.电动吊篮的分类

电动吊篮主要分为双吊点平台和单吊点平台两种构造形式。不同构造形式的电动吊篮构造特点及图例详见表21。

表21　电动吊篮的组成部分及图例

电动吊篮构造形式	组成部分	图例
双吊点平台	1—安装架;2—护栏横梁;3—前部护栏;4—后部护栏;5—工作钢丝绳;6—安全钢丝绳;7—防坠落装置;8—爬升式起升机构;9—靠墙轮;10—踢脚板;11—垂直构件;12—底板	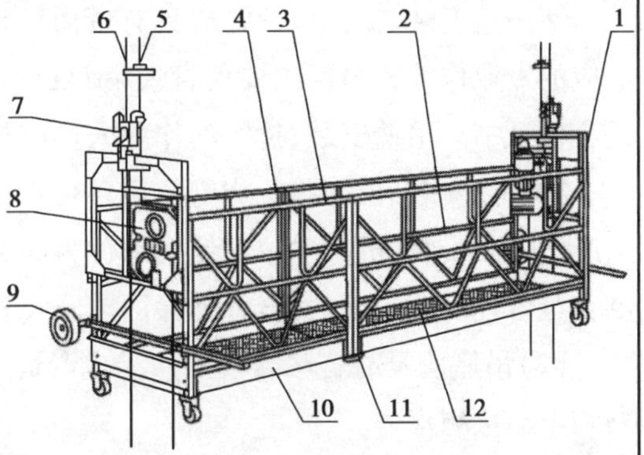
单吊点平台	1—防撞杆;2—靠墙轮;3—收绳器;4—电气控制系统;5—终端极限限位开关;6—安全钢丝绳;7—工作钢丝绳;8—顶部限位开关;9—电缆箱;10—防坠落装置;11—爬升式起升机构;12—脚轮	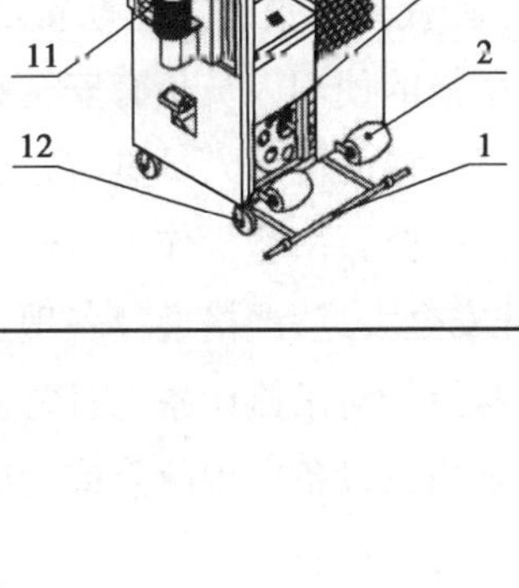

3.工程应用及产品标准

电动吊篮的工程应用及产品标准详见表22。

表22　电动吊篮的工程应用及产品标准

名称	工程应用标准	产品标准
电动吊篮	《建筑施工高处作业安全技术规范》(JGJ 80) 《高处作业吊篮安装、拆卸、使用技术规程》(JB/T 11699) 《建筑施工工具式脚手架安全技术规范》(JGJ 202)	《高处作业吊篮》(GB/T 19155) 《高处作业吊篮用钢丝绳》(YB/T 4575)

(1)吊篮安装、拆卸单位应符合下列要求:

①吊篮的安装、拆卸单位应具备合法合规的吊篮安装、拆卸的相关资质证书,在资质许可范围内从事吊篮的安装、拆卸业务。

②吊篮安装、拆卸单位除应具有资质评审固定的专业技术人员外,还应有与承担工程相适应的专业作业人员。主要负责人、项目负责人、专职安全生产管理人员应持有安全生产考核合格证书。吊篮安装、拆卸的作业人员应具有特种作业人员的资格证书。

③吊篮安装、拆卸单位应与使用单位在吊篮安装前签订吊篮安全协议,明确双方的安全生产责任。安装、拆卸单位和使用单位为同一单位时,应向建设单位、总包单位或监理单位提供安全管理规章制度、安全管理保证措施及安全施工方案。

(2)吊篮应具有合法合规的产品生产资质证书以及产品鉴定证书、产品合格证、使用说明书和产品检测报告。

(3)吊篮安装、拆卸作业前,安装、拆卸单位应编制吊篮安装、拆卸专项施工方案,由安装、拆卸单位技术负责人批准后,报送施工总承包单位或使用单位、监理单位审核,审核合格后方可进行吊篮的安装和拆卸工作。

(4)对于特殊的建筑结构和非标设计方案,吊篮安装、拆卸的专项施工方案需经过评审,评审合格并经过总承包单位或使用单位、监理单位审核后,可进行吊篮的安装和拆卸工作。

(5)当安装、拆卸过程中专项施工方案发生变更时,应按程序重新对方案进行审批,未经审批不得继续进行安装、拆卸作业。

(6)吊篮使用单位的工作职责如下:

①对吊篮的使用人员负有安全技术教育、监督和管理责任。

②确保吊篮的使用人员具有合法有效的操作证。

③要求并监督吊篮操作人员严格执行劳动保护条例,戴安全帽、穿防滑鞋、着紧身服、系安全带、挂安全大绳,严格遵守各项安全操作规程。

④严格执行对吊篮设备的日常例行保养与检查工作。

⑤发现吊篮设备出现故障或运转异常时,应及时请专业维修人员进行修复与排除故障,严禁带故障运行设备。

⑥每日工作前,杜绝酒后、过度疲劳、情绪异常者上岗。

⑦对所使用的吊篮设备的使用安全和日常安全管理负责。

4.技术经济性

按标准规定设计生产的电动吊篮，在作业中升降都可自动控制、制动即停，动力输出稳定；发生意外机械故障时，安全锁和自控制动牵引钢丝绳等安全停车装置发挥作用，方便维修人员即时排除故障；配备相应的设备使用、检验手册和维修、保养制度，机械事故少，安全保障率高。同时，电动吊篮还具有安拆速度快、工期短、施工成本低等优点。

第 15 条　手动吊篮（现场组装）

技术名称	禁止	限制	技术（性能）指标	限制、禁止使用范围	相关理由	替代技术（产品）	执行时间
手动吊篮（现场组装）	√			严禁用于全市建设工程	缺少安全措施，存在安全隐患	符合标准要求的电动吊篮	2019 年 11 月 6 日起执行

【释义】

一、什么是手动吊篮（现场组装）？

手动吊篮（现场组装）：由支承设施（挑梁或桁架）、吊篮绳、安全绳、安全锁、手拉葫芦和吊篮架等组成的手动吊篮，经工人在现场组装连接后进行使用。

二、为什么禁止使用手动吊篮（现场组装）

（1）手动吊篮靠手动操作葫芦完成吊篮的升降工作，使用过程中容易出现葫芦斜拉、葫芦超载、用力不均或用力过猛、葫芦拉链方向与吊篮运行方向不一致、同一个篮子两侧葫芦升降不同步等现象，易造成吊篮倾覆事故。

（2）现场组装手动吊篮的结构（零部）件混装，材质得不到保障；吊篮安全性差，易发生事故。

三、禁限范围有哪些？

手动吊篮（现场组装）严禁用于全市建设工程，包括用扣件和钢管搭设的吊篮、不经设计计算而制作的吊篮、无可靠的安全防护和限位保险装置的吊篮，都禁止使用。

第16条　井架式起重机，TQ60/80塔式起重机

技术名称	禁止	限制	技术（性能）指标	限制、禁止使用范围	相关理由	替代技术（产品）	执行时间
井架式起重机，TQ60/80塔式起重机	√			严禁用于全市建设工程	结构性能差，存在安全隐患	自升式塔式起重机等	2019年11月6日起执行

【释义】

一、什么是井架式起重机？什么是TQ60/80塔式起重机？

(1)井架式起重机：塔身像井架一样，采用单根角钢用螺栓拼装而成的一种初级的建筑起吊机具。

(2)塔式起重机：臂架安装在垂直塔身顶部，取物装置悬挂在臂架上或沿臂架运行的回转式臂架型起重机。我国塔机型号组成为：类组代号+形式+特性代号+主参数代号。类：Q(起)；组：T(塔)；型：上回转自升式Z(自)(图10)，固定式G(固)，内爬式P(爬)，下回转自升式S(升)。塔机型号表达的主参数主要有两种：一为额定起重力矩，二为最大臂长及臂端起重量。TQ60/80(图11)是指塔吊的极限工作半径为60/80 m的塔式起重机。

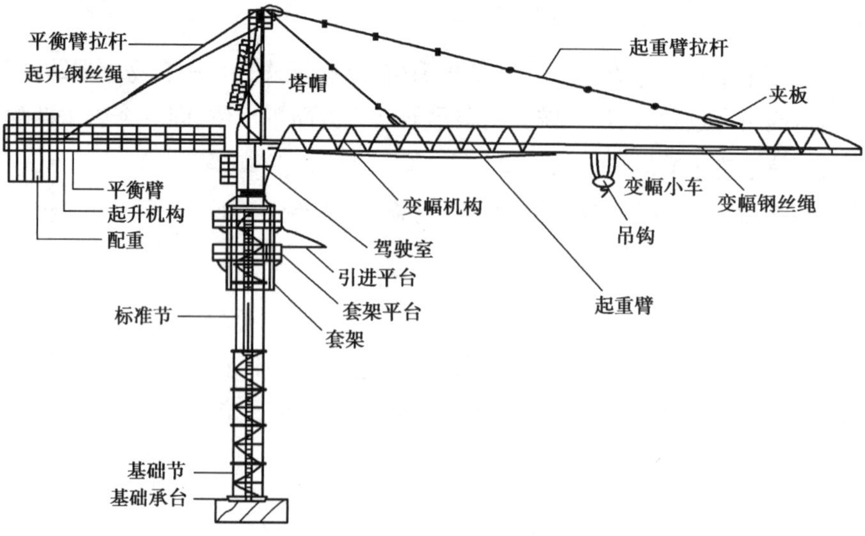

图10　自升式塔式起重机结构示意图

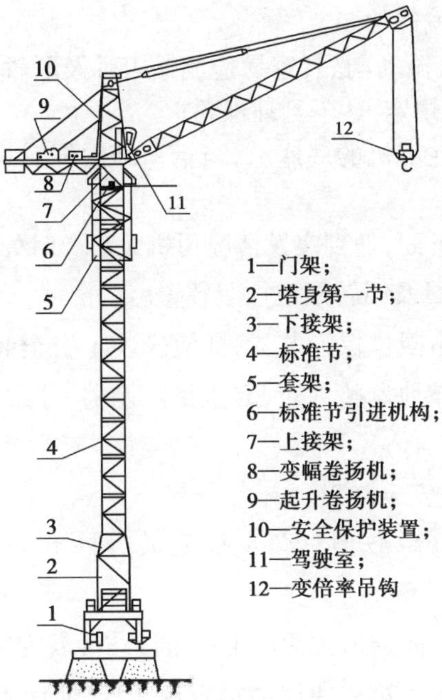

图 11　TQ60/80 塔式起重机示意图

二、为什么禁止使用井架式起重机和TQ60/80塔式起重机?

1.禁止使用井架式起重机的原因

(1)塔身结构不合理,稳定性差,极易造成结构失稳和扭曲。

①架体由单肢型材通过螺栓连接而成,螺栓与孔之间有 1~2 mm 的间隙,整台塔机的累计间隙较大,螺栓稍有松动就会造成整机摇晃,降低了稳定性。

②部分井架式塔机的螺栓孔为铰制孔,虽然减少了螺栓与孔之间的间隙,但由于其单肢型材角钢为粗等级加工,各角钢之间的互换性差,再次安装非常困难,部分螺栓无法正常连接,严重影响整机稳定性。

③单肢型材角钢两端都有螺栓孔,降低了自身强度,同时易造成应力集中而发生破坏。

④架体结构强度是按螺栓在紧固时的理想状态进行设计计算的,实际使用中螺栓很容易松动,使得钢结构达不到设计的稳定强度,容易造成塔机失稳。

(2)回转机构不合理、纵向稳定性差、吊物平面就位难度大。

①井架式塔机使用过程中拖轮磨损较快,致使旋转体横向支撑间隙过大,运行中塔帽左右晃动,连带起重臂和平衡臂上下仰俯,造成塔机纵向稳定性差。

②旋转体上的销齿容易弯曲变形,发生跳齿现象,回转传动比不固定,传动不稳,振动大,吊物平面就位难度较大。

③回转机构变速箱采用涡轮蜗杆传动,反转自锁,大风时容易造成塔机倾覆或扭曲。

④其旋转体自身质量以及钢丝绳受力均传递到架体的四根平撑上,易使平撑受力过大而发生危险。

(3)起升机构设计不合理。

①主卷扬电机使用单速普通电机,调速性极差,难以实现《塔式起重机分类》(JG/T 5037)

规定的不大于 7 m/min 的慢就位功能。

②电机转速较高，卷扬机振动剧烈，容易造成输入轴及联轴器损坏，噪声超过《塔式起重机技术条件》(GB/T 9462)的规定，达不到环保要求。

③多数主卷扬机构安装在塔机的底座上，当钢丝绳脱绳时司机不易发现，很容易将钢丝绳挤压变形。

④操作配电箱放在塔机下面，遇到突发情况司机无法及时处理。

(4)普遍缺少力矩、起重量及回转限位控制装置。

多数塔机出厂时没有安全限位保险装置，即使安装了安全装置也由于结构不合理、加工精度不高等原因无法准确可靠地调整力矩、起重量限制器，井架式塔机的运行不能实现安全监控的目的。

(5)安装费时、费力，存在安全隐患。

①安装时没有专用工具，单肢型材角钢要靠人力提上去，人工拼接、高空作业，极不安全。

②采用支腿和沙箱压重的固定形式常出现沙箱没装沙就安装的情况，造成整机倾翻。

③压重沙箱和平衡臂配重沙箱在使用中很容易漏沙，使压重或平衡配重不足，造成整机倾翻或起重臂折臂。

2.禁止使用 TQ60/80 塔式起重机的原因

TQ60/80 塔式起重机是 20 世纪 70 年代自行设计制造的塔机机型，与现阶段设计生产的塔机相比，存在起重性能落后、安装拆卸不方便、拆装场地大等缺点，已不再适应现代建筑发展的需要。

三、什么是自升式塔式起重机？应用技术要求有哪些？

1.自升式塔式起重机的概念

自升式塔式起重机是采用液压顶升系统进行塔身的顶升接高，通过适当改装和借助一些附着杆件，可与建筑结构拉结，并随建筑物向上施工而向上升高的附着式塔式起重机；通过适当换装一些设备，还可改装为固定在建筑物内部(如电梯井或楼梯间等处)随着建筑物向上施工而向上爬升的内爬式。这类自升式塔式起重机宜用于 7 层以上多层建筑的快速施工。

2.工程应用及产品标准

自升式塔式起重机的工程应用及产品标准详见表 23。

表 23　自升式塔式起重机的工程应用及产品标准

名称	工程应用标准	产品标准
自升式塔式起重机	《建筑施工塔式起重机安装、使用、拆卸安全技术规程》(JGJ 196) 《塔式起重机操作使用规程》(JG/T 100) 《起重机安全使用第 3 部分：塔式起重机》(GB/T 23723.3) 《塔式起重机安装与拆卸技术规范》(DB 50-140)	《塔式起重机安全规范》(GB 5144)

塔式起重机的安装、使用、拆卸应符合《建筑施工塔式起重机安装、使用、拆卸安全技术规程》(JGJ 196)、《塔式起重机操作使用规程》(JG/T 100)和《塔式起重机安装与拆卸技术规范》(DB 50-140)等标准的相关要求,并应注意以下事项:

(1)塔式起重机安装、拆卸作业应配备下列人员:

①持有安全生产考核合格证书的项目负责人和安全负责人、机械管理人员。

②具有建筑施工特种作业操作资格证书的建筑起重机械安装拆卸工、起重司机、起重信号工、司索工等特种作业操作人员。

(2)塔式起重机使用前,应对起重司机、起重信号工、司索工等作业人员进行安全技术交底。

(3)塔式起重机的力矩限制器、重量限制器、变幅限位器、行走限位器、高度限位器等安全保护装置不得随意调整和拆除,严禁用限位装置代替操纵机构。

(4)塔式起重机拆卸时应先降节、后拆除附着装置。

第 17 条　龙门架物料提升机，扣件式钢管井架物料提升机，物料提升机(采用摩擦式卷扬机驱动)

技术名称	禁止	限制	技术(性能)指标	限制、禁止使用范围	相关理由	替代技术(产品)	执行时间
龙门架物料提升机,扣件式钢管井架物料提升机,物料提升机(采用摩擦式卷扬机驱动)	√			严禁用于全市建设工程	稳定性差,易引发安全事故	符合标准要求的施工升降机等其他物料提升机	2019 年 11 月 6 日起执行

【释义】

一、什么是龙门架物料提升机?什么是扣件式钢管井架物料提升机?什么是物料提升机(采用摩擦式卷扬机驱动)?

(1)龙门架物料提升机:一种物料的垂直运输设备,以电动卷扬机组为驱动,搁置于由两个立柱和一根横梁组成的形如“门框”的架体上组合而成。

(2)扣件式钢管井架物料提升机:以地面卷扬机为动力,由钢管组成井字架体,在井架内设置吊盘(吊篮),将施工用料放在吊盘上,在井孔内或架体外侧利用卷扬机沿轨道做垂直运动的提升机。

(3)物料提升机(采用摩擦式卷扬机驱动):摩擦式卷扬机工作时,钢丝绳缠绕到卷筒上面,其工作原理与皮带和皮带轮运动一样,依靠卷筒和钢丝绳的摩擦力来牵引物体运行。卷扬机制动装置由手工控制,无法进行上、下限位和速度的自动控制。

二、为什么禁止使用龙门架物料提升机、扣件式钢管井架物料提升机和物料提升机（采用摩擦式卷扬机驱动）？

1.禁止使用龙门架物料提升机的原因

龙门架物料提升机稳定性差，易引发安全事故，吊篮大多无可靠的安全防护和限位保险装置，无防坠落装置，机体稳定性差，易引发安全事故。

2.禁止使用扣件式钢管井架物料提升机的原因

扣件式钢管井架物料提升机未经过结构设计和安全计算，无安全保护装置，安装队伍无相应资质，仅通过施工现场工人凭经验临时制作而成，制作粗糙，缺少安全措施。尤其是高度在 30 m 以下的井架，由于拉绳地面锚固点较远，存在拉绳松弛、悬垂等问题，紧固力难凭经验掌握，各节点受力不均，存在严重安全隐患。

3.禁止使用物料提升机（采用摩擦式卷扬机驱动）的原因

摩擦式卷扬机是以动力正转作业，反转作业时，当分离离合器后，荷载靠重力做自由降落的卷扬机。当摩擦式卷扬机的安全装置采用切断电源方式时，物料提升机会因失去控制而发生滑落事故，其刹车橡胶片易磨损老化，导致不能及时刹车准确定位，易引发安全事故；而当采用人工手刹制动时，一旦发生报警提醒，需要工人立即刹车制动，然后逐渐松弛制动器使吊篮下降。这两种方式都由于可靠性差，存在极大的安全隐患，不满足《龙门架及井架物料提升机安全技术规范》（JGJ 88—2010）第 5.1.7 条“物料提升机严禁使用摩擦式卷扬机”的规定。

三、什么是施工升降机？施工升降机应用技术要求有哪些？

1.施工升降机的定义

施工升降机是一种用吊笼载人、载物，沿导轨做上下运输的施工机械，主要有以下三种类型。

（1）齿轮齿条式施工升降机：采用齿轮齿条传动的施工升降机。

（2）钢丝绳式施工升降机：采用钢丝绳提升的施工升降机。

（3）混合式施工升降机：一个吊笼采用齿轮条传动，另一个吊笼采用钢丝绳提升的施工升降机。

2.工程应用及产品标准

施工升降机的工程应用及产品标准详见表 24。

表 24　施工升降机的工程应用及产品标准

名称	工程应用标准	产品标准
施工升降机	《施工升降机安全使用规程》（GB/T 34023） 《建筑施工升降机安装、使用、拆卸安全技术规程》（JGJ 215）	《齿轮齿条式人货两用施工升降机安全评估规程》（GB/T 36152） 《施工升降机曳引式施工升降机》（JB/T 13031）

施工升降机的安装、使用、拆卸应符合《建筑施工升降机安装、使用、拆卸安全技术规程》(JGJ 215)、《施工升降机安全使用规程》(GB/T 34023)的相关要求,并应注意以下几点:

(1)有下列情况之一的施工升降机不得安装使用:

①属国家明令淘汰或禁止使用的;

②超过由安全技术标准或制造厂家规定使用年限的;

③经检验达不到安全技术标准规定的;

④无完整安全技术档案的;

⑤无齐全有效的安全保护装置的。

(2)安装作业时,必须将按钮盒或操作盒移至吊笼顶部操作。当导轨架或附墙架上有人员作业时,严禁开动施工升降机。

(3)严禁施工升降机使用超过有效标定期的防坠安全器。

(4)严禁在施工升降机运行中进行保养、维修作业。

第 18 条　自制简易登高用具(高凳、爬梯、人字梯等)

技术名称	禁止	限制	技术(性能)指标	限制、禁止使用范围	相关理由	替代技术(产品)	执行时间
自制简易登高用具(高凳、爬梯、人字梯等)	√		施工作业高度>2.0 m	严禁用于全市建设工程	结构性能差,易引发高坠事故	符合标准要求的带止挡装置的工具式定型化产品等登高用具	2019 年 11 月 6 日起执行

【释义】

一、什么是自制简易登高用具(高凳、爬梯、人字梯等)?

自制简易登高用具:是指在施工现场,作业高度 2.0 m 以上的登高作业借助的用具或设施,包括未经产品定型设计和生产检验,在施工现场自制,供人员攀爬、站立、堆载的各类梯、凳等工具、用具。

二、为什么禁止使用自制简易登高用具(高凳、爬梯、人字梯等)?

(1)自制简易登高用具未经过结构设计和安全计算,无安全保护装置,安装队伍无相应资质,仅通过施工现场工人凭经验临时制作而成,未经过承载力等受荷验算,制作粗糙,具有严重的质量隐患。

(2)自制简易登高用具防滑倒、防倾覆、防坠落等安全防护装置不完善,使用时安全隐患大,易因使用不当而导致高坠事故的发生。

三、替代技术有哪些？

应替代使用符合标准要求的带止挡装置的工具式定型化产品等登高用具（图 12），如符合《便携式木梯安全要求》（GB 7059）、《便携式金属梯安全要求》（GB 12142）的工具式、定型化产品等登高用具。鼓励采用厂家定型生产的专业登高作业设备，但使用过程须严格遵照厂家说明书、《建筑施工高处作业安全技术规范》（JGJ 80）及相关安全规范要求进行管理。

图 12　工具式登高工具

第二部分

钢筋及加工

第19条　低碳冷拔钢丝

技术名称	禁止	限制	技术（性能）指标	限制、禁止使用范围	相关理由	替代技术（产品）	执行时间
低碳冷拔钢丝	√			严禁用于全市建设工程	质量难以保证，影响建筑质量安全	热轧带肋钢筋HRB400、HRB500等	2019年11月6日起执行

【释义】

一、什么是低碳冷拔钢丝？

低碳冷拔钢丝：又称冷拔低碳钢丝，指采用低碳钢热轧圆盘条或热轧光圆钢筋经一次或多次冷拔制成的光圆钢丝。通过冷拔提高了钢丝强度，但钢丝延性下降。

二、为什么禁止使用低碳冷拔钢丝？

低碳冷拔钢丝通过冷拔提高了钢丝强度，但钢丝延性大幅下降，延伸率小，安全储备偏低，一旦外加荷载突然增加，则易产生突然脆断。而这种脆断通常在瞬间发生，无明显预兆，增大了防灾减灾难度。低碳冷拔钢丝原多用于中小预应力混凝土构件（预制板中大量使用），通过冷拔后提高了钢丝强度（可提高抗拉强度50%以上），可节约大量钢材，在过去钢材产量不高的年代，具有重大意义。近年来，预应力钢筋在品种、材料性能和产量等方面均有较大发展，冷拔钢丝发展初期缺乏预应力钢筋的局面已不复存在，取消冷拔钢丝作为预应力钢筋使用不会对建筑工程造成影响。

2004年3月18日，建设部发布的《关于发布〈建设部推广应用和限制禁止使用技术〉的公告》（建设部公告第218号），将冷拔低碳钢丝用于钢筋混凝土结构或构件中的受力钢筋列为限制使用项目；2004年，《重庆市建设领域限制、禁止使用落后技术通告（第一号）》中已有禁止低碳冷拔钢丝使用项目。

从设计上看,《混凝土结构设计规范》(GB 50010—2010,2015版)第4.2.1条的条文说明中已明确:近年来,我国强度高、性能好的预应力钢筋(钢丝、钢绞线)已可充分供应,故冷加工钢筋不再列入设计规范。《冷拔低碳钢丝应用技术规程》(JGJ 19—2010)第3.1条明确:冷拔低碳钢丝宜作为构造钢筋使用,作为结构构件中纵向受力钢筋使用时应采用钢丝焊接网,且冷拔低碳钢丝不得作预应力钢筋使用。

第20条　冷轧带肋钢筋(非在线热处理工艺生产)

技术名称	禁止	限制	技术(性能)指标	限制、禁止使用范围	相关理由	替代技术(产品)	执行时间
冷轧带肋钢筋(非在线热处理工艺生产)	√			严禁用于全市建设工程	抗震性能差,影响建筑质量安全	热轧带肋钢筋HRB400、HRB500等	2019年11月6日起执行

【释义】

一、什么是冷轧带肋钢筋(非在线热处理工艺生产)?

冷轧带肋钢筋(非在线热处理工艺生产):指热轧圆盘条通过除鳞、多道减径、被动压痕和机械消除应力等工艺加工形成的冷轧带肋钢筋。

二、为什么禁止使用冷轧带肋钢筋(非在线热处理工艺生产)?

(1)非在线热处理工艺生产的冷轧带肋钢筋质量有缺陷。冷轧带肋钢筋加工方式有传统非在线热处理加工工艺和冷轧成型在线热处理加工工艺两种。传统非在线热处理加工工艺需要规格、质量匹配的专用钢筋母材,只有采用满足《冷轧带肋钢筋用热轧盘条》(GB/T 28899)的钢筋母材,才能保证加工冷轧带肋钢筋产品质量。同时,非在线热处理工艺是在不可控的工况下完成钢筋的减径、轧肋及应力调节等工序流程,产品的直径、肋高、力学性能指标及伸长率等难以符合《冷轧带肋钢筋》(GB 13700)、《冷轧带肋钢筋混凝土结构技术规程》(JG J95)的规定。2010年12月,在市技监局、市住房城乡建委和市工商局联合开展的建筑钢筋专项检查整顿工作中,发现重庆建筑钢筋合格率为70%,有30%钢筋不达标,且不合格钢筋中有20%是由非在线热处理工艺生产冷轧带肋钢筋的重量负公差和伸长率不达标造成的。

(2)国家政策明令淘汰非在线热处理冷轧带肋钢筋加工工艺。国家发改委《产业结构调整指导目录(2011年本)》明确将单机产能1万吨以下的冷轧带肋钢筋生产装备(高延性冷轧带肋钢筋生产装备除外)列入淘汰类落后生产工艺装备钢铁分类第24项,传统加工设备采用的加工工艺均为非在线热处理加工工艺。

第 21 条 卷扬机调直钢筋工艺，钢筋调直切断工艺（带有延伸功能）

技术名称	禁止	限制	技术（性能）指标	限制、禁止使用范围	相关理由	替代技术（产品）	执行时间
卷扬机调直钢筋工艺，钢筋调直切断工艺（带有延伸功能）	√			严禁用于全市建设工程	存在安全隐患，质量难以保证	无延伸功能的自动化钢筋调直切断工艺	2019 年 11 月 6 日起执行

【释义】

一、什么是卷扬机调直钢筋工艺？什么是带有延伸功能的钢筋调直切断工艺？

（1）卷扬机调直钢筋工艺：由卷扬机提供拉力，通过滑轮组传动牵引来实现盘圆钢筋冷拉调直的工艺。

（2）带有延伸功能的钢筋调直切断设备：在盘状光圆钢筋或带肋钢筋连续调直的同时，通过缩小钢筋直径的方法延伸钢筋长度，并可实现定尺切断的设备。

二、为什么禁止使用卷扬机调直钢筋工艺和钢筋调直切断工艺（带有延伸功能）？

（1）采用卷扬机调直钢筋工艺加工，钢筋的减径量无法控制，易改变钢筋力学性能，且该工艺较专用钢筋调直机生产效率低。同时，还存在钢筋拉断或夹具滑脱、牵引钢丝绳拉断而回弹伤人等安全隐患。

（2）使用带有延伸功能的钢筋调直切断设备进行钢筋调直切断，易加工出“瘦身钢筋”。钢筋瘦身被拉长之后，直径变小，伸长率大幅降低，钢筋易脆断，应用于建设工程将降低钢筋混凝土结构抗震安全性能。“瘦身钢筋”带来的危害除了抗震性下降外，建筑的承重力也会下降，建筑高度越高，危害越严重，给工程质量安全留下巨大隐患。《混凝土结构工程施工规范》（GB 50666—2011）第 5.3.3 条规定“钢筋宜采用机械设备进行调直，当采用机械设备调直时，调直设备不应具有延伸功能”，《混凝土结构工程施工质量验收规范》（GB 50204—2015）第 5.3.4 条规定“盘卷钢筋调直后应进行力学性能和重量偏差检验；采用无延伸功能的机械设备调直的钢筋，可不进行本条规定的检验”。

三、无延伸功能的钢筋调直切断设备作用原理是什么？如何判断设备是否具有延伸功能？

无延伸功能的钢筋调直切断设备：指用于盘状光圆钢筋或带肋钢筋连续调直并能实现定长切断，且不会减小直径、延伸钢筋长度的设备。调直切断原理为：将钢筋送入转毂或平行辊中夹持，由电动机带动转毂或平行辊高速运转使钢筋被调直并不断向前移动，当被调直的钢筋移动到设定的剪切长度时自动切断下料，如图13所示。

图13　钢筋调直设备

对钢筋调直切断设备有无延伸功能的判断方法有两种。一是将被调直钢筋量取一定长度，并做好钢筋两端标记。记录下调直前钢筋长度值及其直径值，通过调直设备后，再记录下调直后钢筋的长度值及其直径值。通过对调直前后两组数值进行对比分析，以判定该调直设备是否具有延伸功能。二是分别记录调直前后的钢筋直径、重量偏差及力学性能指标。若调直后钢筋的相关指标与调直前相差不大，且符合有关标准规定，则该钢筋调直切断设备无延伸功能；反之，则具有延伸功能。

第22条　砂轮切断钢筋工艺

技术名称	禁止	限制	技术（性能）指标	限制、禁止使用范围	相关理由	替代技术（产品）	执行时间
砂轮切断钢筋工艺		√		不得用于施工现场钢筋切割	锯片质量难以保证，存在安全隐患	自动化钢筋切断工艺	2019年11月6日起执行

【释义】

一、什么是钢筋砂轮切断机？什么是砂轮切断钢筋工艺？

（1）钢筋砂轮切断机：利用高速旋转的平型砂轮锯片切割钢筋的专用设备，主要由基座、砂轮、电动机或其他动力源、托架、防护罩和给水器等组成。锯片设置于基座的顶面，基座内部具有供安置电机动力源的空间。安装有动力源传动减速器，减速器的传动轴一侧供固定连接砂轮。给水器设于砂轮一侧上方，基座对应砂轮的底部位置设有一凹陷的集水槽和向外延伸排水道。

(2)砂轮切断钢筋工艺:使用钢筋砂轮切断机进行钢筋切断作业的工艺。

二、为什么限制使用砂轮切断钢筋工艺?

钢筋砂轮切断机的砂轮锯片质量不稳定,锯片易破裂,切割钢筋时砂轮锯片可能断裂飞出伤人,给操作人员和施工现场工作人员带来极大安全隐患。同时,在切割钢筋过程中,砂轮锯片高速旋转与钢筋接触摩擦会产生大量火花,容易引起可燃物燃烧,存在重大火灾隐患,且钢筋切断面垂直度较差,多为马蹄形状,给钢筋连接带来一定困难。

三、什么是自动化钢筋切断设备?有哪些类型?

(1)自动化钢筋切断设备:一种以电脑控制伺服电机从而实现自动定尺、自动传料、自动切断、自动翻料的钢筋切断设备。

(2)自动化钢筋切断设备按其剪切原理分为剪切设备和锯切设备。其中,剪切设备(如图 14 所示)是由剪切刀口的动刀片和静刀片做相对运动产生剪切应力从而切断钢筋的设备。锯切设备(如图 15 所示)是由锯切工具(如带锯条、圆锯片等)回转进给做切削运动从而切断钢筋的设备。

图 14　自动化钢筋剪切设备

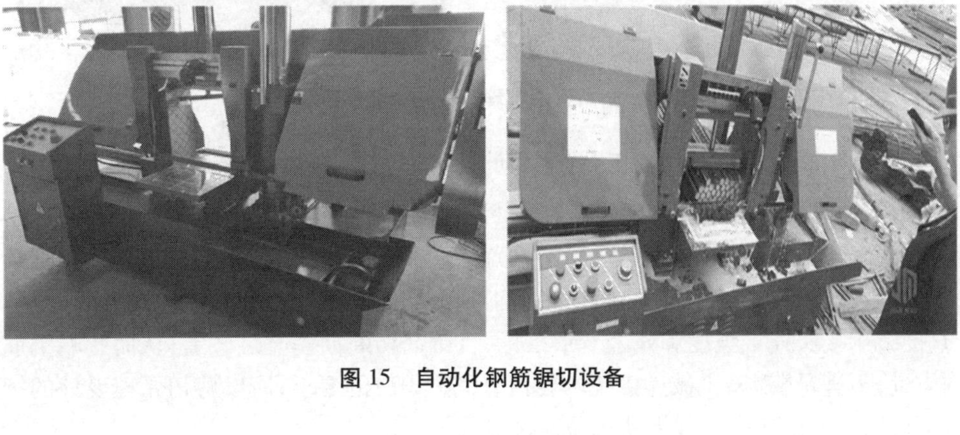

图 15　自动化钢筋锯切设备

第 23 条　钢筋切断工艺（采用剪切原理）

技术名称	禁止	限制	技术（性能）指标	限制、禁止使用范围	相关理由	替代技术（产品）	执行时间
钢筋切断工艺（采用剪切原理）		√		不得用于全市建设工程的钢筋机械连接接头加工	钢筋接头截面不平整，影响机械连接接头质量	采用锯切原理的钢筋切断工艺	2019 年 11 月 6 日起执行

【释义】

一、什么是钢筋切断工艺(采用剪切原理)?

钢筋切断设备(采用剪切原理):通过动刀片和静刀片沿水平方向或铅垂方向,在棒状光圆钢筋或带肋钢筋某切断面上施加不小于钢筋抗剪力的外力,从而实现钢筋切断作业的设备。其剪切原理为:将钢筋放至夹持装置中夹持,电动机产生动能作用于动刀片上,动刀片在外力的作用下切入钢筋,同时定刀片从对面挤压钢筋,使钢筋产生压力变形和剪切滑移,直至切断。

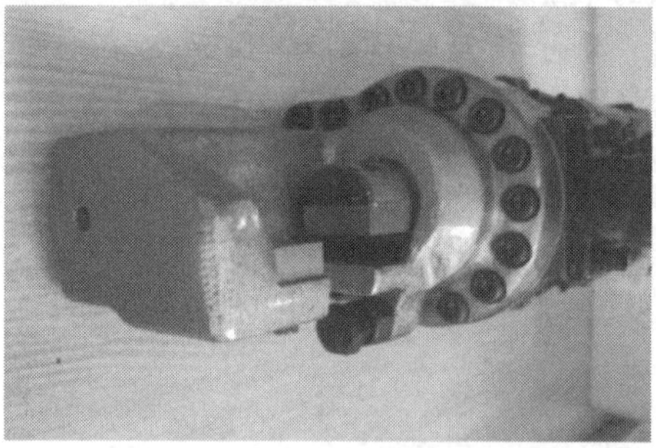

图 16　采用剪切原理设计的钢筋切断设备

二、为什么限制使用钢筋切断工艺(采用剪切原理)?

采用剪切原理设计的钢筋切断设备在切断棒材钢筋时,钢筋切断截面通常会出现挤压变形或挤压斜面,导致钢筋端面不平整(多为马蹄形)。当此端头用于钢筋机械连接直螺纹加工时,完整丝扣数减少且螺纹质量不高,连接施工时两端面不能相互顶紧,螺纹副间隙无法有效消除,直接影响接头连接强度和残余变形指标,且钢筋切断面垂直度较差,从而影响钢筋混凝土结构质量,不满足《钢筋机械连接技术规程》(JGJ 107)的要求,所以剪切原理设计的钢筋切断设备不得用于全市建设工程钢筋机械连接接头加工。

三、什么是钢筋锯切类加工设备？锯切加工的钢筋制品有什么特点？

锯切类钢筋加工设备：通过锯切工具（如带锯条等）的回转进给做切削运动，在棒状光圆钢筋或带肋钢筋某切断面上施加不小于钢筋抗剪力的外力，实现钢筋切断作业的设备。其工作原理为将钢筋放至夹持装置中夹持，电动机产生动能作用于锯切工具（带锯条等）上，锯切工具在外力的作用下自动进行回转进给切削运动，直至切断钢筋。

采用钢筋锯切类加工设备在切断棒材钢筋时，钢筋端面应平整，且与钢筋轴线垂直，能有效保证加工直螺纹的完整丝扣数，连接施工时两端面可相互顶紧，螺纹副间隙得以消除，接头连接强度和残余变形指标皆可满足《钢筋机械连接技术规程》（JGJ 107）的要求。同时，在《混凝土结构成型钢筋应用技术规程》（JGJ 366—2015）第5.2.4条明确提出“成型钢筋采用直螺纹连接时，钢筋端头宜用锯切生产线、专用钢筋切断机或剪切生产线切断，钢筋断面应平整且与钢筋轴线垂直”。

第24条　BX1-135、BX2-500交流弧焊机

技术名称	禁止	限制	技术（性能）指标	限制、禁止使用范围	相关理由	替代技术（产品）	执行时间
BX1-135、BX2-500交流弧焊机	√			严禁用于全市建设工程	焊接质量难以保证、能耗大	逆变电焊机等	2019年11月6日起执行

【释义】

一、什么是交流弧焊机？

交流弧焊机：又称弧焊变压器，是一种特殊的变压器，可将网络电压的交流电变成适宜电弧焊作业的低压交流电，由主变压器及所需的调节部分和指示装置等组成。BX1-135指额定输出焊接电流135安培的动铁芯式机芯交流弧焊机。BX2-500指额定输出焊接电流500安培的同体式机芯交流弧焊机。

二、为什么禁止使用BX1-135、BX2-500交流弧焊机？

交流弧焊机优点是价格便宜，故障率低。其主要缺点是体积大，笨重、搬运不方便，耗能高；一般只能焊酸性焊条，使用受限；电流调节不方便以及单相供电造成电网不平衡，容易跳闸，影响其他设备工作。因其产品性能落后，《国土资源部、国家经贸委关于发布和实施〈限制供地项目目录〉〈禁止供地项目目录〉（第一批）的通知》（国土资发〔1999〕357号）将BX1-135、BX2-500交流弧焊机生产项目纳入其中，禁止供地。《部分工业行业淘汰落后生产工艺装备和产品指导目录(2010年本)》（工产业〔2010〕第122号）将BX1-135、BX2-500交流弧焊机作为落后生产工艺装备进行淘汰。同时，现在施工现场使用的HRB400级钢筋多为带E钢

筋，根据《钢筋焊接及验收规程》(JGJ 18—2012)第4.1.1条要求，对于有较高要求的抗震结构用钢筋（带E钢筋）焊条应采用低氢型碱性焊条，因此无法采用交流弧焊机进行焊接。

三、什么是逆变电焊机？它有哪些优点？

逆变电焊机：又称弧焊逆变器，是一种新型的焊接电源。这种电源一般是将三相工频(50 Hz)交流网络电压，先经输入整流器整流和滤波，变成直流，再通过大功率开关电子元件（晶闸管SCR、晶体管GTR、场效应管MOSFET或IGBT）的交替开关作用，逆变成15 kHz到100 kHz的中频交流电压，同时经变压器降至适合于焊接的几十伏电压，后再次整流并经电抗滤波输出相当平稳的直流焊接电流。

逆变电焊机的优点有：①同规格400 A焊机体积不到交流焊机的1/2，质量约为交流焊机的1/3，移动方便；②同规格的逆变焊机比交流焊机节约电能1/3以上；③酸性焊条和碱性焊条都可以焊接；④电流调节很方便，只要旋转一下电位器就可以，一般焊机还有电流预显功能；⑤三相供电，对电网影响较小。

第25条　电渣压力焊

技术名称	禁止	限制	技术（性能）指标	限制、禁止使用范围	相关理由	替代技术（产品）	执行时间
电渣压力焊		√		不得用于水平钢筋和倾斜钢筋（斜度大于4∶1）以及直径>28 mm竖向钢筋的连接	焊接质量难以保证，影响钢筋性能	钢筋机械连接技术等	2019年11月6日起执行

【释义】

一、什么是电渣压力焊？

电渣压力焊：将两钢筋安放成竖向对接形式，通过直接引弧法或间接引弧法，利用焊接电流通过两钢筋端面间隙，在焊剂层下形成电弧过程和电渣过程，产生电弧热和电阻热，熔化钢筋后沿钢筋轴向加压完成的一种压焊方法。

二、为什么限制使用电渣压力焊？

(1)电渣压力焊的焊接方法适用于现浇钢筋混凝土结构中竖向或斜向（斜度不大于4∶1）钢筋的连接，若再增大倾斜度，会影响熔池的维持和焊包成型，影响接头质量。

(2)大直径钢筋(>28 mm)采用电渣压力焊时易产生接头弯折、上下钢筋轴心偏移等质量缺陷，易造成接头检测不合格。

(3)电渣压力焊对供电条件要求高，且不适合雨季或防火要求高的场地应用。

三、什么是钢筋机械连接技术？其应用技术要求有哪些？

钢筋机械连接技术是通过钢筋与连接件或其他介入材料的机械咬合作用或钢筋端面的承压作用，将一根钢筋的力传递至另一根钢筋的连接方法。常用的钢筋机械接头有：

套筒挤压接头：通过挤压力使连接件钢套筒塑性变形与带肋钢筋紧密咬合形成的接头。

锥螺纹接头：通过钢筋端头特制的锥形螺纹和连接件锥螺纹咬合形成的接头。

镦粗直螺纹接头：通过钢筋端头镦粗后制作的直螺纹和连接件螺纹咬合形成的接头。

滚轧直螺纹接头：通过钢筋端头直接滚轧或剥肋后滚轧制作的直螺纹和连接件螺纹咬合形成的接头。

套筒灌浆接头：在金属套筒中插入单根带肋钢筋并注入灌浆料拌合物，通过拌合物硬化而实现传力的钢筋对接接头。

熔融金属充填接头：由高热剂反应产生熔融金属充填在钢筋与连接件套筒间形成的接头。

1.接头性能要求

接头设计应满足强度及变形性能的要求，其中：钢筋连接用套筒应符合《钢筋机械连接用套筒》（JG/T 163）的有关规定，套筒原材料采用45号钢冷拔或冷轧精密无缝钢管时，钢管应进行退火处理，并应满足《钢筋机械连接用套筒》（JG/T 163）对钢管强度限值和断后伸长率的要求。不锈钢钢筋连接套筒原材料宜采用与钢筋母材同材质的棒材或无缝钢管，其外观及力学性能应符合《不锈钢棒》（GB/T 1220）、《结构用不锈钢无缝钢管》（GB/T 14975）的规定。

接头性能包括单向拉伸、高应力反复拉压、大变形反复拉压和疲劳性能，应根据接头的性能等级和应用场合选择相应的检验项目。接头单向拉伸时的强度和变形是接头的基本性能；高应力反复拉压性能反映接头在风荷载及小地震情况下承受高应力反复拉压的能力；大变形反复拉压性能则反映结构在强烈地震情况下钢筋进入塑性变形阶段接头的受力性能。上述三项性能是进行接头型式检验的基本检验项目。抗疲劳性能则是根据接头应用场合有选择性采用的试验项目。现场工艺检验则要求检验单向拉伸残余变形和极限抗拉强度。

2.设计依据及相关标准

钢筋机械连接的设计、施工与验收应符合《钢筋机械连接技术规程》（JGJ 107）的要求。

3.工程设计、选用要点

钢筋机械接头按性能等级分别为Ⅰ级、Ⅱ级、Ⅲ级。

混凝土结构中要求充分发挥钢筋强度或对接头延性要求较高的部位，应采用Ⅰ级或Ⅱ级接头。当在同一连接区段内钢筋接头面积百分率为100%时，应选用Ⅰ级接头。

混凝土结构中钢筋应力较高但对延性要求不高的部位可选用Ⅲ级接头。直接承受重复荷载的结构，接头应选用包含有疲劳性能的型式检验报告的认证产品。

结构构件中纵向受力钢筋的接头宜相互错开。钢筋机械连接的连接区段长度应按35d计算，当直径不同的钢筋连接时，按直径较小的钢筋计算。位于同一连接区段内的钢筋机械连接接头的面积百分率应符合下列规定：

（1）接头宜设置在结构构件受拉钢筋应力较小的部位；高应力部位设置接头时，同一连接区段内Ⅲ级接头的接头面积百分率不应大于 25%，Ⅱ级接头的接头面积百分率不应大于 50%，Ⅰ级接头的接头面积百分率可不受限制。

(2)接头宜避开有抗震设防要求的框架梁端、柱端箍筋加密区；当无法避开时，应采用Ⅰ级接头和Ⅱ级接头，且接头面积百分率不应大于 50%。

(3)受拉钢筋应力较小部位或纵向受压钢筋，接头百分率可不受限制。

(4)对直接承受重复荷载的结构构件，接头百分率不应大于 50%。

4.技术经济性

钢筋机械连接是一项新型钢筋连接工艺，被称为继绑扎、电焊之后的“第三代钢筋接头”。钢筋机械连接与传统的绑扎搭接、电弧搭接、闪光对焊、电渣压力焊相比，分别具有质量稳定可靠性高、受力性能好、节省搭接用主筋和搭接区段加密用箍筋，节约钢材等优势；钢筋机械连接接头中，钢筋剥肋滚轧直螺纹连接接头和钢筋滚轧直螺纹连接接头材料用量最少，比带肋钢筋套筒挤压连接接头节约钢材约 30%。

第 26 条　电弧搭接焊，钢筋闪光对焊

技术名称	禁止	限制	技术（性能）指标	限制、禁止使用范围	相关理由	替代技术（产品）	执行时间
电弧搭接焊，钢筋闪光对焊		√		不得用于建设工程中直径≥16 mm 的热轧钢筋连接	焊接质量难以保证，影响钢筋性能	钢筋机械连接技术等	2019 年 11 月 6 日起执行

【释义】

一、什么是电弧搭接焊？什么是钢筋闪光对焊？

(1)电弧搭接焊：将两根钢筋搭接，利用弧焊机使焊条与钢筋之间产生高温电弧，使焊条和电弧燃烧范围内的钢筋熔化，凝固后形成焊缝接头的焊接方式。

(2)钢筋闪光对焊：将两钢筋以对接形式水平安放在对焊机上，利用电阻热使接触点金属熔化，产生强烈闪光和飞溅，迅速施加顶锻力完成的一种压焊方法。钢筋闪光对焊工艺可分为连续闪光焊、预热闪光焊、闪光-预热-闪光焊三种。

二、为什么限制使用电弧搭接焊和钢筋闪光对焊？

(1)电弧搭接焊时，要求焊接端钢筋宜预弯，并应使两钢筋的轴线在同一直线上。大直径钢筋预弯角度难以控制，无法确保两根钢筋的轴线在同一直线上，影响接头传力性能。

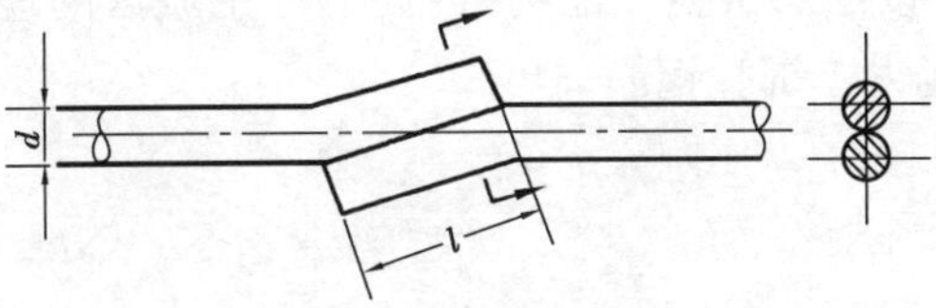

图 17 双面搭接焊接头

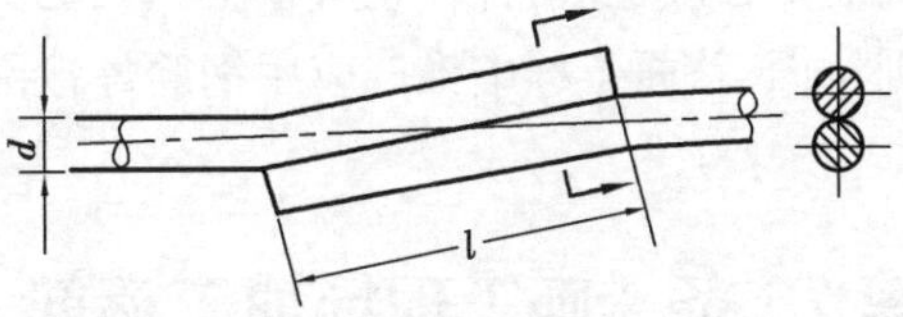

图 18 单面搭接焊接头

(2)闪光对焊在施工现场属于比较落后的工艺,材料烧损较多并且伴有较大烟尘和飞溅,对于工作环境不利,且焊接参数相互影响较大,质量不易控制。

第 27 条 钢筋网片(现场人工绑扎)

技术名称	禁止	限制	技术(性能)指标	限制、禁止使用范围	相关理由	替代技术(产品)	执行时间
钢筋网片(现场人工绑扎)		√		不得用于主城区的桥面、路面工程	质量难以保证,施工效率低	钢筋焊接网片等	2019 年 11 月 6 日起执行

【释义】

一、什么是钢筋焊接网?

钢筋焊接网:具有相同或不同直径的纵向和横向钢筋分别以一定的间距垂直排列,全部交叉点均用电阻点焊方法焊接在一起形成的网片。

二、为什么限制使用钢筋网片(现场人工绑扎)?

现场人工绑扎钢筋网工艺落后,施工效率低,绑扎施工中钢筋易被施工设备压塌和施工人员踩踏变形,上下层网片的支承马凳和衬垫垫块易移位,扎丝易松散,钢筋易漏绑,钢筋间距以及混凝土保护层厚度难以符合设计要求,从而影响工程质量。

三、钢筋焊接网片有哪些类型?

钢筋焊接网按网孔尺寸及钢筋直径可分为定型焊接网和非定型焊接网两种。

(1)定型焊接网在网片两个方向上的钢筋牌号、直径、长度和间距可以不同,但在同一方向上的钢筋牌号、直径、长度和间距应相同。

(2)非定型焊接网一般根据具体工程情况来确定其网片形状、网格尺寸、钢筋直径等,应考虑加工方便、尽量减少型号、提高生产效率等因素,由供需双方协商确定,并以设计图表示。

在桥面、路面工程中,钢筋网的规格尺寸较少、使用量大,采用工厂预制钢筋焊接网片,运到现场进行安装的方法,能提高生产效率、减轻劳动强度,为装配或施工创造有利条件,提高钢筋工程质量。目前,重庆市主城区已具备钢筋焊接网加工生产能力,因此应在主城区的规则桥面、路面工程中推广应用钢筋焊接网,限制现场人工绑扎钢筋。

第28条　施工现场加工箍筋

技术名称	禁止	限制	技术(性能)指标	限制、禁止使用范围	相关理由	替代技术(产品)	执行时间
施工现场加工箍筋		√		1.不得用于主城区、涪陵区、永川区、黔江区、南川区、綦江区、荣昌区的市级重点项目(房屋建筑和市政基础设施)和公租房建设工程; 2.不得用于主城区、南川区、綦江区、荣昌区建筑面积≥8万m^2(以规划方案一次性批准的建筑面积计)的建筑工程; 3.不得用于涪陵区、永川区、黔江区建筑面积≥5万m^2(以规划方案一次性批准的建筑面积计)的建筑工程	加工质量难以保证	成型箍筋加工配送	2019年11月6日起执行

【释义】

一、什么是成型钢筋加工配送?

成型钢筋加工配送:是指在非施工现场的固定场所,采用成套自动化钢筋加工设备和信息化生产管理系统,实行工厂化生产,将钢筋加工成为工程所需钢筋制品,并配送到施工现场的钢筋加工应用模式。

二、为什么限制施工现场加工箍筋?

施工现场加工钢筋易受施工现场场地、加工设备、电力供应、人员水平等因素影响。一是施工现场基本选用简易钢筋加工设备和临时工人,加工成型钢筋质量主要取决于设备的加工精度、运行稳定性和工人的经验、质量责任意识和专业素养,若其中一条不具备极易造成加工成型钢筋几何尺寸不准确、大直径钢筋加工易断裂以及机械连接不达标等质量问题,若加工500兆帕级高强钢筋,类似质量问题就更多;二是施工现场加工钢筋主要是工人直接手持钢筋在加工设备上进行加工,大部分设备基本无安全防护辅助设备,操作过程中易发生伤人的安全事故,且现场加工钢筋存在噪音和粉尘污染、占用场地大而分散以及加工作业人员劳动强度高的问题,不符合文明安全施工和绿色施工要求;三是现场加工钢筋加工直径为12~16 mm

的钢筋时只能采用9 m长定尺钢筋进行加工，加工损耗大，再考虑人为或设备原因造成的不合格钢筋制品，钢筋加工综合损耗率保守估计在3%以上，造成钢筋材料浪费。

三、成型箍筋加工配送的要求有哪些?

钢筋是保障混凝土结构构件及其建设项目质量安全的重要功能性材料，直接关系着建设项目抗震性能和抵御地震破坏的能力，因此钢筋性能及加工质量非常重要。目前钢筋加工主要有两种方式，一种是传统施工现场加工，另一种是专业化加工配送企业加工。其中，施工现场加工方式是目前建设项目主要采用的钢筋加工方式，该方式主要特点是加工工艺设备简单，加工钢筋质量效率不高；专业加工配送企业加工方式是目前国家和地方重点推广的钢筋集约化加工方式，该方式主要特点是加工质量效率提升，减少钢筋加工损耗，是钢筋加工集约化发展和行业技术进步的必然趋势，且该技术已在我市建设工程项目上进行了规模化推广应用。

现代化钢筋加工配送技术是指由具有信息化生产管理系统的专业化钢筋加工机构，采用成套自动化钢筋加工设备，经过合理的工艺流程，在施工现场以外固定的加工场所集中加工钢筋成为工程所需成型钢筋制品的生产组织方式。该技术主要有五大特点和五大优势，即装备工艺自动化、人员水平专业化、质量控制标准化、生产管理信息化和加工配送产业化等五方面特点，以及保障钢筋加工质量、提高钢筋加工效率、降低钢筋加工损耗、简化施工现场管理等五方面优势。其主要工艺流程如下：

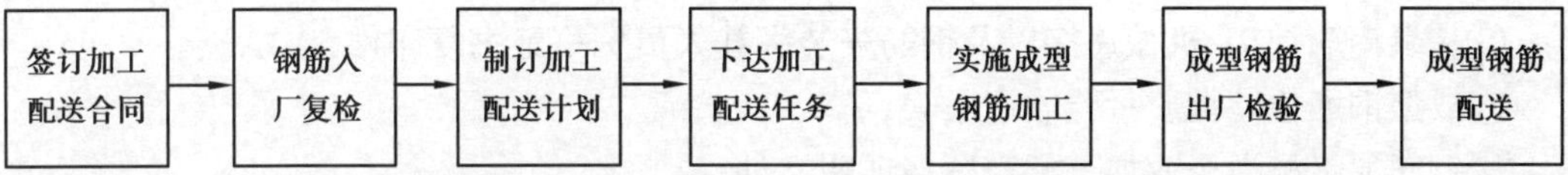

钢筋加工配送技术应用的主要依据是《混凝土结构成型钢筋应用技术规程》(JGJ 366)和《重庆市建筑钢筋加工配送实施办法(试行)》，主要应用技术要求如下：

(1)加工配送企业应制订加工配送全过程的技术和质量管理制度，并应及时对技术和质量有关资料进行收集、整理、存档、备案。存档备案资料保存年限应按建筑施工资料管理有关规定执行。收集存档的质量验收资料应包括下列文件：

①钢筋质量证明文件；

②钢筋提供单位资质复印件；

③钢筋力学性能和重量偏差复检报告；

④成型钢筋加工配送合同；

⑤成型钢筋配料单；

⑥成型钢筋加工过程中的加工质量检查记录单；

⑦成型钢筋出厂合格证和出厂检验报告；

⑧成型钢筋交货验收单；

⑨机械接头提供企业的有效型式检验报告；

⑩机械接头现场工艺检验报告；

⑪隐蔽验收记录；

⑫检验批验收记录。

(2)施工单位应向加工配送企业提供明确的加工配送计划,应给加工配送企业合理的加工周期。

(3)加工配送企业宜根据项目实际情况编制加工配送方案,方案内容应至少包括组织架构、人员结构、加工配送工作流程、加工配送进度计划、质量控制措施和运输保障措施。

(4)加工配送企业应建立完整的质量管理控制体系,建立与企业加工配送实施能力相适应的组织机构、质量控制管理制度,实施信息化生产管理。

(5)钢筋进加工配送企业时,加工配送企业应按国家现行相关标准的规定抽取试件作屈服强度、抗拉强度、伸长率、弯曲性能和重量偏差检验,检验结果应符合国家现行相关标准的规定。

(6)成型钢筋进施工现场时,应抽取试件作屈服强度、抗拉强度、伸长率和重量偏差检验,检验结果应符合国家现行相关标准的规定。对由热轧钢筋制成的成型钢筋,当有施工单位或监理单位的代表驻厂监督生产过程,并提供原材钢筋力学性能第三方检验报告时,可仅进行重量偏差检验。

(7)成型钢筋工程质量验收时,施工单位应提供下列文件和记录:

①成型钢筋加工合同;

②成型钢筋配料单;

③钢筋原材料质保书、合格证、型式检验报告和入场(厂)复检报告;

④钢筋焊接或机械连接工艺检测报告和型式检验报告;

⑤从事钢筋焊接、机械连接以及钢筋安装绑扎人员资格证书复印件;

⑥成型钢筋检验批质量验收记录表;

⑦钢筋加工配送企业加工配送资格证明文件;

⑧成型钢筋出厂合格证和进场检验报告;

⑨成型钢筋交货验收单。

第三部分 厨房与卫生间产品

第29条　排烟气道(砖砌，手工生产，采用非耐碱玻璃纤维网格布作增强材料，采用菱镁材料为原材料生产)

技术名称	禁止	限制	技术(性能)指标	限制、禁止使用范围	相关理由	替代技术(产品)	执行时间
排烟气道(砖砌，手工生产，采用非耐碱玻璃纤维网格布作增强材料，采用菱镁材料为原材料生产)	√			严禁用于全市建设工程	生产工艺落后，产品质量难以保证	符合《机制排烟气道系统应用技术规程》(DBJ 50/T-212)等要求的机制排烟气道	2019年11月6日起执行

【释义】

一、什么是排烟气道(砖砌，手工生产)?

(1)砖砌排烟气道:采用砖在施工现场砌筑而成的用于排除厨房炊事活动产生的烟气或卫生间浊气的管道。

(2)手工生产的排烟气道:采用"U"形开敞式外模，人工或机械拌制浆料，人工抹灰工艺涂覆于模板内壁制成的用于排除厨房炊事活动产生的烟气或卫生间湿气的管道制品。

二、为什么禁止使用排烟气道(砖砌，手工生产，采用非耐碱玻璃纤维网格布作增强材料，采用菱镁材料为原材料生产)?

(1)砖砌排烟气道存在诸多缺点:在相同占地面积的情况下，其排风道内截面小;排风通道的内壁粗糙,气流摩阻系数大,排风(烟)量相对较小;施工安装效率低,成本高,整体性能差,易产生漏烟。

(2)手工生产的建筑厨房、卫生间排烟气道,其浆料比、增强网铺设、壁厚、垂直度和几何尺寸的把握均依靠操作工人的经验,生产工艺落后,生产效率低,且产品壁厚不均匀,内壁粗糙,产品质量不稳定。特别是其垂直承载力、抗柔性冲击和耐火极限等性能指标难以保证,存在一定的安全隐患。

我市已具备淘汰手工生产的建筑厨房、卫生间排烟气道的产业基础。2010年,《重庆市建设领域限制、禁止使用落后技术通告(第六号)》中已经在主城区高层建筑中限制使用手工生产的建筑厨房、卫生间排烟气道,大力推广使用机械化生产的建筑排烟气道。目前,采用机械化生产工艺的排烟气道企业产能足以满足建设需求,对于技术较落后,仍在手工生产建筑排烟气道的企业,通过技术升级改造,引进成套机械生产设备,完全能够生产符合《住宅厨房、卫生间排气道》(JG/T 194)、《机制排烟气道系统应用技术规程》(DBJ 50/T-212)要求的建筑厨房、卫生间排烟气道。

(3)耐碱玻璃纤维是由耐碱玻璃制成的纤维。例如,有一种属钠、硅系统的耐碱玻璃纤维,含有16%左右的氧化锆(ZrO_2),此种纤维对氢氧化钙饱和溶液、硅酸盐水泥水化生成的液相有较高的耐蚀能力,可用作水泥的增强材料。中碱、高碱玻璃纤维和无碱玻璃纤维均属非耐碱玻璃纤维。

GRC是玻璃纤维增强水泥英文名称“Glassfiber Reinforced Cement”的词头缩写。若GRC采用中碱玻璃纤维和无碱玻璃纤维作为增强材料,胶结材料为硅酸盐水泥,水泥水化过程中生成的$Ca(OH)_2$对玻璃纤维有强烈的腐蚀作用,会破坏玻璃纤维的硅氧骨架,玻璃纤维很快丧失其强度,造成GRC材料的耐久性很差。同时,《住宅厨房和卫生间排烟(气)道制品》(JG/T 194—2018)要求,增强材料应使用网号04×04、丝径不小于0.7 mm的热镀锌电焊网及直径不小于4 mm的钢网。热镀锌电焊网均匀分布于管体四周水泥薄壁中,其性能应符合QB/T 3897的规定,钢筋的性能应符合GB/T 1499.1的规定。

(4)菱镁材料及其制品的胶凝材料是氯氧镁水泥,即用氯化镁溶液调和轻烧氧化镁制成的气硬性胶凝材料,原材料应符合《菱镁制品用工业氯化镁》(WB/T 1018)、《菱镁制品用轻烧氧化镁标准》(WB/T 1019)的规定。菱镁材料具有早强、高强、防火、与有机-无机材料的胶结能力强等优点,但存在不耐水、变形大等缺点,尤其在湿热环境下的耐久性不良,易出现翘曲变形、吸潮泛卤,甚至粉化、丧失强度,以及存在与之接触的金属器件有严重的腐蚀性问题。

吸潮是菱镁材料制品中存在没有反应的游离氯化镁,在制品的使用过程中会从大气中吸收水分,导致制品表面挂水珠、甚至淌水的现象。泛卤是潮湿的菱镁制品在使用过程中接触干燥大气,制品内部的NaCl和KCl在水分的迁移作用下在制品表面析出白色的结晶(白霜),影响菱镁制品的使用效果,析出的白霜来自原材料氯化镁中的杂质。菱镁制品的吸潮泛卤严重降低了产品强度、影响使用效果,在一定程度上缩短产品的使用寿命,这种现象在高温高湿的地区尤为严重。此外菱镁材料的温度膨胀系数比较大,在温度频繁交替变化的环境,温度膨胀常常导致菱镁板材接缝的开裂。

三、什么是机制排烟气道？机制排烟气道有哪些优点？

（1）机制排烟气道：采用成套的机械设备生产、用于排除厨房炊事活动产生的烟气或卫生间浊气的管道制品。

（2）机制排烟气道采用U形模一次浇筑成型工艺、平铺式人工合模生产工艺或其他采用先进成套机械生产设备，产品内置主筋、箍筋与钢丝网组成的骨架。由于采用具有足够精度的计量设备和较为可靠的混凝土搅拌设备，故制作排烟气道的混凝土（砂浆）质量可控，且采用了较为先进的生产工艺，产品各项性能指标均应符合《住宅厨房和卫生间排烟（气）道制品》（JG/T 194）和《机制排烟气道系统应用技术规程》（DBJ 50/T-212）的要求。

第30条　排烟气道防火止回阀（采用可燃材料制作）

技术名称	禁止	限制	技术（性能）指标	限制、禁止使用范围	相关理由	替代技术（产品）	执行时间
排烟气道防火止回阀（采用可燃材料制作）	√			严禁用于全市建设工程	不符合建筑防火要求	符合《机制排烟气道系统应用技术规程》（DBJ 50/T-212）等要求的防火止回阀	2019年11月6日起执行

【释义】

一、什么是排烟气道防火止回阀（采用可燃材料制作）？

排烟气道防火止回阀（采用可燃材料制作）：采用B_2及以下燃烧等级的材料制作而成的安装在厨房排油烟机或卫生间排风机后端用于防治烟气回流和阻火的阀门。该阀门在规定的时间内应满足耐火性能要求，风机不工作时处于自然关闭状态，风机工作时呈开启状态。

二、为什么禁止使用排烟气道防火止回阀（采用可燃材料制作）？

排烟气道止回阀是安装于竖向集中排风管道上与各楼层住宅水平排烟气支管连接的防止烟气回流和防止窜烟窜味的装置，是通风排烟气管道系统的组成部分，但也是火灾蔓延时的通道。采用可燃材料制作的防火止回阀在工作过程中长期处于具有一定温度的流动气体中，随温度升高到着火点后易燃烧，在失去防止烟气回流和窜烟、窜味功能的同时将火势引向房间，带来火灾隐患。根据《建筑设计防火规范（2018年版）》（GB 50016—2014），应禁止使用可燃烧材料制作的排烟气道止回阀，而应采用不燃烧材料制作的排烟气道止回阀（如全金属止回阀），耐火时间不应小于1小时。

第31条　直排式燃气热水器

技术名称	禁止	限制	技术（性能）指标	限制、禁止使用范围	相关理由	替代技术（产品）	执行时间
直排式燃气热水器	√			严禁用于全市建设工程	能耗大，安全性差	符合标准要求的强排式燃气热水器等热水器	2019年11月6日起执行

【释义】

一、什么是直排式燃气热水器？什么是强排式燃气热水器？

(1)直排式燃气热水器:安装在室内且燃烧时将废烟气直接排在室内的燃气热水器。

(2)强排式燃气热水器:燃烧时通过自带的风机,将废烟气经排气管强制排至室外的燃气热水器。

二、为什么禁止使用直排式燃气热水器？

(1)直排式燃气热水器燃烧时消耗的氧气取自于室内,所产生的废气直接排放在室内,容易产生缺氧窒息和一氧化碳中毒现象。

(2)1999年10月1日起,国家禁止生产浴用直排式燃气热水器,对生产的非浴用直排式燃气热水器,必须在产品上加贴警示性标签,说明该产品禁止用于洗澡。2000年5月1日起,禁止销售浴用直排式燃气热水器。

第32条　大便器(详见第33条)

第33条　小便器

技术名称	禁止	限制	技术（性能）指标	限制、禁止使用范围	相关理由	替代技术（产品）	执行时间
大便器	√		一次用水量>6 L	严禁用于全市建设工程	浪费水资源	符合《节水型生活用水器具》(CJ/T 164)要求的大便器、小便器	2019年11月6日起执行
小便器	√		一次用水量>3 L				

【释义】

一、什么是大便器？什么是小便器？

（1）大便器：用于承纳并冲走人体排泄物的卫生陶瓷。《卫生陶瓷》（GB 6952）规定，大便器按类型分为坐便器和蹲便器，按用水量可分为普通型和节水型。其中：用水量≤5.0 L的坐便器和用水量≤6.0 L的蹲便器为节水型，而用水量≤6.4 L的坐便器、用水量≤8.0 L的单冲式蹲便器以及用水量≤6.4 L的双冲式蹲便器为普通型。

（2）小便器：专供小便使用的卫生陶瓷。《卫生陶瓷》（GB 6952）规定，小便器按用水量可分为普通型和节水型。其中：用水量≤3.0 L的小便器为节水型，而用水量≤4.0 L的小便器为普通型。

二、为什么禁止使用一次用水量>6 L的大便器和一次用水量>3 L的小便器？

《国务院关于印发节能减排综合性工作方案的通知》（国发〔2007〕15号）明确要求，在城市强制推广使用节水器具。《节水型卫生洁具》（GB/T 31436—2015）和《节水型生活用水器具》（CJ/T 164—2014）规定：节水型坐便器用水量≤5.0 L，节水型蹲便器用水量≤6.0 L，节水型小便器用水量≤3.0 L。

第34条　蹲便器用手接触式（按钮、扳手）大便冲洗阀，手接触式小便冲洗阀（详见第35条）

第35条　接触式洗手水嘴

技术名称	禁止	限制	技术（性能）指标	限制、禁止使用范围	相关理由	替代技术（产品）	执行时间
蹲便器用手接触式（按钮、扳手）大便冲洗阀，手接触式小便冲洗阀		√		不得用于独立式公共厕所及公共建筑的厕所	易交叉感染	符合《节水型生活用水器具》（CJ/T 164）要求的自动感应式冲便装置、非接触式水嘴等	2019年11月6日起执行
接触式洗手水嘴		√					

【释义】

一、什么是便器冲洗阀？什么是水嘴？

（1）便器冲洗阀：用于安装在卫生间、公共厕所等场所的供水管路上，公称压力不大于 0.6 MPa，介质温度不大于 75 ℃条件下用于冲洗大小便器的给水器具。便器冲洗阀按用途可分为大便冲洗阀和小便冲洗阀，按操作方式可分为非接触式和机械式。而机械式冲洗阀根据排水启动方式又可分为按钮式、扳手式、脚踏式、扭柄式和其他操作方式冲洗阀，其中按钮式、扳手式属于手接触式。

（2）水嘴：对水介质实现启、闭及控制出口流量和/或水温度的一种给水器具。水嘴按用途分为普通洗涤水嘴、面盆水嘴、厨房水嘴、浴缸水嘴、淋浴水嘴、洗衣机水嘴等，其中普通洗涤水嘴是用于一般清洗用途的水嘴，如洗手、清洗墩布；按开启方式分为：螺旋升降式、按键式和其他方式，其中螺旋升降式和按键式属于手接触式。

二、为什么限制使用蹲便器用手接触式（按钮、扳手）大便冲洗阀、手接触式小便冲洗阀和接触式洗手水嘴？

《城市公共厕所设计标准》（CJJ 14—2016）第 4.3.6.2 条规定："公共厕所大、小便池应采用自动感应或人工冲便装置。"第 4.3.6.4 条规定："洗手龙头、洗手液应采用非接触式的器具。"除规范规定外，主要原因是使用手触式冲洗阀、手接触式洗手水嘴，容易导致交叉感染，传播疾病，缺乏人性关爱。替代品则为非接触式便器冲洗阀和非接触式水嘴等符合产业政策的用水器具，此举是为了确保市民健康、防止疾病传染。

第 36 条　铸铁螺旋升降式水嘴，铸铁截止阀

技术名称	禁止	限制	技术（性能）指标	限制、禁止使用范围	相关理由	替代技术（产品）	执行时间
铸铁螺旋升降式水嘴，铸铁截止阀	√			严禁用于全市建设工程	耐久性差，密封效果差	符合标准要求的其他水嘴、截止阀	2019 年 11 月 6 日起执行

【释义】

一、什么是铸铁螺旋升降式水嘴？什么是铸铁截止阀？

（1）铸铁螺旋升降式水嘴：主体材料为铸铁并使用橡胶阀芯、开启或关闭方式为螺旋升降式的水龙头。

（2）铸铁截止阀：是一种采用铸铁材料制作而成的截断阀，主要用来接通或截断管路中的介质，一般不用于调节流量，截止阀适用的压力、温度范围很大，但一般用于中、小口径的

管道。

二、为什么禁止使用铸铁螺旋升降式水嘴和铸铁截止阀?

铸铁螺旋升降式水嘴和截止阀耐久性差、密封效果差,不符合节水要求,易生锈导致水污染。尽快淘汰铸铁螺旋式水嘴及截止阀,改用新型水嘴及截止阀,能节约用水、方便、耐用。《建设部推广应用和限制禁止使用技术》公告第218号,就明确禁止使用铸铁螺旋升降式水嘴和铸铁止水阀。

第37条　混凝土水箱，普通钢板水箱

技术名称	禁止	限制	技术(性能)指标	限制、禁止使用范围	相关理由	替代技术(产品)	执行时间
混凝土水箱,普通钢板水箱		√		不得用于生活供水工程	易附着污物,易污染水质	符合标准要求的变频、无负压供水设备等	2019年11月6日起执行

【释义】

一、什么是混凝土水箱?什么是普通钢板水箱?

(1)混凝土水箱:采用混凝土制作而成的用于给水系统的高峰调节储水设备。

(2)普通钢板水箱:采用普通钢板制作而成的用于给水系统的高峰调节储水设备。

二、为什么限制使用混凝土水箱和普通钢板水箱?

(1)混凝土材质的水箱易受到磨损、干/湿和冻/融循环的影响而损坏,水渗入混凝土内部,引起钢筋生锈,致使混凝土进一步开裂,造成箱体漏水。且其质量大,施工周期长,与配管边接处易漏水,清洗时表面材料易脱落。

(2)普通钢板水箱是继混凝土水箱后出现的另一种储水设备,其自重比传统的钢筋混凝土水箱要轻,一般采用内外防腐涂料或内衬塑胶防腐,长期使用后,存在防腐涂料破损以及橡胶老化等带来的防腐层破坏问题,从而导致钢板锈蚀漏水。钢板内侧防腐涂料或内衬塑胶质量良莠不齐,长时间使用,无法保证水箱内部的防腐材料不影响水质。因此从可靠性、耐久性、水质安全性方面来看,都不应采用这种普通钢板水箱。

三、什么是无负压变频供水设备?有哪些优点?

无负压变频供水设备是以市政管网为水源,充分利用市政管网原有的压力,形成密闭的连续接力增压供水方式,节能效果好,没有水质的二次污染,是变频恒压供水设备的发展与延伸。在市政管网压力的基础上直接叠压供水,节约能源,还具有全封闭、无污染、占地量小、安装快捷、运行可靠、维护方便等诸多优点。

第四部分
混凝土及制品

第 38 条 现场搅拌混凝土

技术名称	禁止	限制	技术（性能）指标	限制、禁止使用范围	相关理由	替代技术（产品）	执行时间
现场搅拌混凝土		√		不得用于全市范围内建筑面积>1 000 m^2 或混凝土需用量>500 m^3 的建设工程（含楼地面保温工程）	质量难以保证，占用施工场地，污染环境	预拌混凝土等	2019 年 11 月 6 日起执行

【释义】

一、什么是预拌混凝土?

预拌混凝土:在搅拌站(楼)生产的、通过运输设备送至使用地点的、交货时为拌合物的混凝土。

二、为什么限制使用现场搅拌混凝土?

(1)现场搅拌混凝土受原材料、设备、操作人员素质和天气等方面影响,存在质量稳定性差、性能不能保证等问题。

(2)现场搅拌混凝土文明施工程度低,易产生噪声和扬尘,对环境污染大。

(3)从节约资源、保护环境、提高建设工程质量的角度,相关政策禁止在城市城区现场搅拌混凝土。

三、预拌混凝土的特点、分类和技术要求有哪些?

1.特点

(1)由于混凝土采用预拌商品化生产,它具有专业化、工业化和信息化特点,质量更稳定,有利于采用新技术、新材料,也有利于节约水泥和推广应用散装水泥,并能减轻劳动强度,减少粉尘、噪声等环境污染,有利于施工现场加快施工进度和文明施工,提高工程质量。

(2)“拌合物状态的产品”,预拌混凝土由混凝土搅拌站运到施工现场是呈拌合物状态的产品,施工单位收到这种材料后还需经过浇筑、养护等过程,才能形成最终结构构件的混凝土分项工程实体。

(3)影响预拌混凝土质量的因素复杂。如原材料质量、计量、配合比设计、生产工艺、计划调度、生产设施设备、人员素质、操作技能、管理水平,以及交通、气候等。

2.分类

预拌混凝土分为常规品和特制品。

(1)常规品。常规品为除表 25 的特制品以外的普通混凝土,代号 A。

(2)特制品。特制品代号 B,特制品种类与二级种类及其强度等级代号见表 25。

表 25　特制品的混凝土种类及其代号

特制品种类	高强混凝土	自密实混凝土	纤维混凝土	轻骨料混凝土	重混凝土
二级种类代号	H	S	F	L	W
强度等级代号	C	C	C(合成纤维混凝土) CF(钢纤维混凝土)	LC	C

3.性能等级

(1)预拌混凝土的强度等级划分为:C10、C15、C20、C25、C30、C35、C40、C45、C50、C55、C60、C65、C70、C75、C80、C85、C90、C95 和 C100。

(2)预拌混凝土的坍落度和扩展度等级划分及其允许偏差见表 26。

表 26　预拌混凝土的坍落度等级划分

等级	坍落度/mm
S1	10~40
S2	50~90
S3	100~150
S4	160~210
S5	≥220

表27　预拌混凝土的扩展度等级划分

等级	扩展直径/mm
F1	≤340
F2	350~410
F3	420~480
F4	490~550
F5	560~620
F6	≥630

(3)预拌混凝土的耐久性能等级划分见表28—表31。

表28　预拌混凝土抗冻性能、抗水渗透性能和抗硫酸盐侵蚀性能的等级划分

抗冻等级(快冻法)		抗冻标号(慢冻法)	抗渗等级	抗硫酸盐等级
F50	F250	D50	P4	KS30
F100	F300	D100	P6	KS60
F150	F350	D150	P8	KS90
F200	F400	D200	P10	KS120
>F400		>D200	P12	KS150
			>P12	>KS150

表29　预拌混凝土抗氯离子渗透性能(84 d)的等级划分(RCM法)

等级	RCM-Ⅰ	RCM-Ⅱ	RCM-Ⅲ	RCM-Ⅳ	RCM-Ⅴ
氯离子迁移系数 D_{RCM}(RCM法)($\times10^{-12}m^2/s$)	$D_{RCM}\geq4.5$	$3.5\leq D_{RCM}<4.5$	$2.5\leq D_{RCM}<3.5$	$1.5\leq D_{RCM}<2.5$	$D_{RCM}<1.5$

表30　预拌混凝土抗氯离子渗透性能的等级划分(电通量法)

等级	Q-Ⅰ	Q-Ⅱ	Q-Ⅲ	Q-Ⅳ	Q-Ⅴ
电通量 Q_S/C	$Q_S\geq4\ 000$	$2\ 000\leq Q_S<4\ 000$	$1\ 000\leq Q_S<2\ 000$	$500\leq Q_S<1\ 000$	$Q_S<500$

注:混凝土试验龄期宜为28 d。当混凝土中水泥混合材与矿物掺合料之和超过胶凝材料用量的50%时,测试龄期可为56 d。

表 31 预拌混凝土抗碳化性能的等级划分

等级	T-Ⅰ	T-Ⅱ	T-Ⅲ	T-Ⅳ	T-Ⅴ
碳化深度 d/mm	$d \geq 30$	$20 \leq d < 30$	$10 \leq d < 20$	$0.1 \leq d < 10$	$d < 0.1$

4.相关的标准规范

(1)《预拌混凝土》(GB/T 14902);

(2)《普通混凝土拌合物性能试验方法》(GB/T 50080);

(3)《普通混凝土力学性能试验方法》(GB/T 50081);

(4)《普通混凝土长期性能和耐久性能试验方法标准》(GB/T 50082);

(5)《混凝土强度检验评定标准》(GB/T 50107);

(6)《混凝土耐久性检验评定标准》(JGJ/T 193);

(7)其他标准规范。

5.质量要求

(1)强度。预拌混凝土强度应满足设计要求,检验评定应符合《混凝土强度检验评定标准》(GB/T 50107)的规定。

(2)坍落度和坍落度经时损失。常规品的泵送混凝土坍落度控制目标值不宜大于180 mm,实测值与控制目标值的允许偏差应符合表 32 的规定,并应满足施工要求,坍落度经时损失不宜大于 30 mm/h;特制品混凝土坍落度应满足相关标准规定和施工要求。

表 32 混凝土拌合物稠度允许偏差

坍落度/mm			
控制目标值/mm	≤40	50~90	≥100
允许偏差/mm	±10	±20	±30
扩展度/mm			
控制目标值/mm	≥350		
允许偏差/mm	±30		

(3)扩展度。自密实混凝土扩展度控制目标值不宜小于 550 mm,扩展度实测值与控制目标值的允许偏差宜符合表 32 的规定,并应满足施工要求。

(4)含气量。混凝土含气量实测值不宜大于 7%,并与合同规定值的允许偏差不宜超过±1.0%。

(5)氯离子含量。混凝土拌合物中水溶性氯离子最大含量实测值应符合表 33 的规定。

表33 混凝土拌合物中水溶性氯离子最大含量

环境条件	水溶性氯离子最大含量(%，水泥用量的质量百分比)		
	钢筋混凝土	预应力混凝土	素混凝土
干燥环境	0.3	0.06	1.0
潮湿但不含氯离子的环境	0.2		
潮湿而含有氯离子的环境、盐渍土环境	0.1		
除冰盐等侵蚀性物质的腐蚀环境	0.06		

(6)耐久性能。混凝土耐久性能应满足设计要求，检验评定应符合《混凝土耐久性检验评定标准》(JGJ/T 193)的规定。

(7)其他性能。当需求方提出其他混凝土性能要求时，应按国家现行有关标准规定进行试验，无相应标准时应按合同规定进行试验；试验结果应满足标准及合同的要求。

第39条　现场搅拌砂浆

技术名称	禁止	限制	技术（性能）指标	限制、禁止使用范围	相关理由	替代技术（产品）	执行时间
现场搅拌砂浆		√		不得用于全市各区县城区范围内新开工的房屋建筑和市政基础设施工程	质量难以保证，占用施工场地，污染环境	预拌砂浆等	2020年1月1日起执行

【释义】

一、什么是现场搅拌砂浆？

现场搅拌砂浆：在施工现场以水泥、细集料、水等根据需要添加掺合料和外加剂等组分配制搅拌的砂浆拌合物。

二、为什么限制使用现场搅拌砂浆？

现场搅拌砂浆存在质量不稳定、文明施工程度低等问题。从用料来说，现场搅拌的普通砂浆使用袋装水泥和砂子，数量庞大的水泥纸制包装袋消耗掉了大量的资源和能源。从过程来说，现场搅拌砂浆将会产生极大的粉尘，对空气造成严重污染。在使用环节上，原材料对砂浆性能的影响增大。不同用途的砂浆对集料、胶结料有着不同的要求，而在施工现场生产，受条件和工期的限制无法一一满足。现场搅拌的砂浆产品种类单一，无法满足日益多样化的建筑工程需求。在产品质量上，砂浆现场配制的结果是质量不稳定，大多数现场拌制采用人工计量，造成的误差很大，极易产生工程质量隐患。

三、什么是预拌砂浆？有哪些特点？应用技术要求有哪些？

1.定义

预拌砂浆是湿拌砂浆和干混砂浆的统称。

湿拌砂浆是由水泥、细骨料、矿物掺合料、砂浆外加剂和水，按一定比例，在专业生产厂经计量、拌制后，运至使用地点，并在规定时间内使用的拌合物。

干混砂浆是由水泥、干燥细骨料、矿物掺合料、砂浆外加剂以及满足砂浆性能要求需要加入的其他组分，按一定比例，在专业生产厂经计量、混合而成的混合物。其在使用地点按规定比例加水后形成拌合物。

2.特点

预拌砂浆与现场配制搅拌砂浆相比，具有品种多样、质量稳定、施工性能良好、使用方便、施工工效高和绿色环保等特点。

3.分类与代号

(1)湿拌砂浆分类和代号。按用途分为湿拌砌筑砂浆、湿拌抹灰砂浆、湿拌地面砂浆和湿拌防水砂浆。湿拌抹灰砂浆按施工方法分为普通抹灰砂浆和机喷抹灰砂浆。

表 34　湿拌砂浆的品种和代号

品种	湿拌砌筑砂浆	湿拌抹灰砂浆	湿拌地面砂浆	湿拌防水砂浆
代号	WM	WP	WS	WW

表 35　湿拌砂浆分类

项目	湿拌砌筑砂浆	湿拌抹灰砂浆		湿拌地面砂浆	湿拌防水砂浆
		普通抹灰砂浆/G	机喷抹灰砂浆/S		
强度等级	M5、M7.5、M10、M15、M20、M25、M30	M5、M7.5、M10、M15、M20		M15、M20、M25	M15、M20
抗渗等级	—	—		—	P6、P8、P10
稠度 a/mm	50、70、90	70、90、100	90、100	50	50、70、90
保塑时间/h	6、8、12、24	6、8、12、24		4、6、8	6、8、12、24

(2)干混砂浆分类和代号。按用途主要分为干混砌筑砂浆、干混抹灰砂浆、干混地面砂浆、干混普通防水砂浆、干混陶瓷砖粘结砂浆、干混界面砂浆、干混聚合物水泥防水砂浆、干混自流平砂浆、干混耐磨地坪砂浆、干混填缝砂浆、干混饰面砂浆和干混修补砂浆。干混砌筑砂浆按施工厚度分为普通砌筑砂浆和薄层砌筑砂浆，干混抹灰砂浆按施工厚度或施工方法分为普通抹灰砂浆、薄层抹灰砂浆和机喷抹灰砂浆。

表 36 干混砂浆的品种和代号

品种	干混砌筑砂浆	干混抹灰砂浆	干混地面砂浆	干混普通防水砂浆	干混陶瓷砖粘结砂浆	干混界面砂浆
代号	DM	DP	DS	DW	DTA	DIT
品种	干混聚合物水泥防水砂浆	干混自流平砂浆	干混耐磨地坪砂浆	干混填缝砂浆	干混饰面砂浆	干混修补砂浆
代号	DWS	DSL	DFH	DTG	DDR	DRM

表 37 部分干混砂浆分类

项目	干混砌筑砂浆		干混抹灰砂浆			干混地面砂浆	干混普通防水砂浆
	普通砌筑砂浆/G	薄层砌筑砂浆/T	普通抹灰砂浆/G	薄层抹灰砂浆/T	机喷抹灰砂浆/S		
强度等级	M5、M7.5、M10、M15、M20、M25、M30	M5、M10	M5、M7.5、M10、M15、M20	M5、M7.5、M10	M5、M7.5、M10、M15、M20	M15、M20、M25	M15、M20
抗渗等级	—	—	—	—	—	—	P6、P8、P10

4.技术要求

(1)湿拌砂浆。

①砌筑砂浆用于承重墙时，砌体抗剪强度应符合 GB 50003 的规定。

②湿拌砂浆性能应符合表 38—表 42 的规定。

表 38 湿拌砂浆性能指标

项目		湿拌砌筑砂浆	湿拌抹灰砂浆		湿拌地面砂浆	湿拌防水砂浆
			普通抹灰砂浆	机喷抹灰砂浆		
保水率/%		≥88.0	≥88.0	≥92.0	≥88.0	≥88.0
压力泌水率/%		—	—	<40	—	—
14 d 拉伸粘结强度/MPa		—	M5：≥0.15 >M5：≥0.20	≥0.20	—	≥0.20
28 d 收缩率/%		—	≤0.20		—	≤0.15
抗冻性[a]	强度损失率/%	≤25				
	质量损失率/%	≤5				

注：a.有抗冻性要求时，应进行抗冻性试验。

表 39 预拌砂浆抗压强度

强度等级	M5	M7.5	M10	M15	M20	M25	M30
28 d 抗压强度/MPa	≥5.0	≥7.5	≥10.0	≥15.0	≥20.0	≥25.0	≥30.0

表 40 预拌砂浆抗渗压力

抗渗等级	P6	P8	P10
28 d 抗渗压力/MPa	≥0.6	≥0.8	≥1.0

表 41 湿拌砂浆稠度允许偏差

规定稠度/mm	允许偏差/mm
<100	±10
≥100	−10~+5

表 42 湿拌砂浆保塑时间

保塑时间/h	4	6	8	12	24
保塑时间/h	≥4	≥6	≥8	≥12	≥24

(2)干混砂浆。

①外观上,粉状产品应均匀、无结块。双组分产品的液料组分经搅拌后应呈均匀状态、无沉淀,粉料组分应均匀、无结块。

②干混砌筑砂浆用于承重墙时,砌体抗剪强度应符合 GB 50003 的规定。

③干混砂浆的性能应符合表 43 的规定。

表 43 部分干混砂浆性能指标

项目	干混砌筑砂浆		干混抹灰砂浆			干混地面砂浆	干混普通防水砂浆
	普通砌筑砂浆	薄层砌筑砂浆	普通抹灰砂浆	薄层抹灰砂浆	机喷抹灰砂浆		
保水率/%	≥88.0	≥99.0	≥88.0	≥99.0	≥92.0	≥88.0	≥88.0
凝结时间/h	3~12	—	3~12	—	—	3~9	3~12
2 h 稠度损失率/%	≤30	—	≤30	—	≤30	≤30	≤30
压力泌水率/%	—	—	—	—	<40	—	—

续表

项目		干混砌筑砂浆		干混抹灰砂浆			干混地面砂浆	干混普通防水砂浆
		普通砌筑砂浆	薄层砌筑砂浆	普通抹灰砂浆	薄层抹灰砂浆	机喷抹灰砂浆		
14 d拉伸粘结强度/MPa		—	—	M5：≥0.15 >M5：≥0.20	≥0.30	≥0.20	—	≥0.20
28 d收缩率/%		—	—	≤0.20			—	≤0.15
抗冻性[a]	强度损失率/%	≤25						
	质量损失率/%	≤5						

注：a.有抗冻性要求时，应进行抗冻性试验。

表44　干混陶瓷砖粘结砂浆性能指标

项目		性能指标		
		室内用（I）		室外用（E）
		Ⅰ型	Ⅱ型	
拉伸粘结强度/MPa	原强度	≥0.5	≥0.5	符合JC/T 547的要求
	浸水后	≥0.5	≥0.5	
拉伸粘结强度/MPa	热老化后	—	≥0.5	
	冻融循环后	—	—	
	晾置时间≥20 min	≥0.5	≥0.5	

注：Ⅰ型适用于常规尺寸的非瓷质砖粘贴；Ⅱ型适用于低吸水率、大尺寸的瓷砖粘贴。

表45　干混界面砂浆性能指标

项目		性能指标	
		混凝土界面（C）	加气混凝土界面（AC）
拉伸粘结强度/MPa	未处理，14 d	≥0.6	≥0.5
	浸水处理	≥0.5	≥0.3
	热处理		
	冻融循环处理		
晾置时间/min		—	≥10

④干混聚合物水泥防水砂浆的性能应符合《聚合物水泥防水砂浆》(JC/T 984)的规定。

⑤干混自流平砂浆的性能应符合《地面用水泥基自流平砂浆》(JC/T 985)的规定。

⑥干混耐磨地坪砂浆的性能应符合《混凝土地面用水泥基耐磨材料》(JC/T 906)的规定。

⑦干混填缝砂浆的性能应符合《陶瓷砖填缝剂》(JC/T 1004)的规定。

⑧干混饰面砂浆的性能应符合《墙体饰面砂浆》(JC/T 1024)的规定。

⑨干混修补砂浆的性能应符合《修补砂浆》(JC/T 2381)的规定。

5.应用要点

(1)应根据设计、施工等要求选择预拌砂浆的品种。

(2)不同品种规格的预拌砂浆不得混合使用。

(3)预拌砂浆施工前,施工单位应编制施工方案,制作样板,并进行技术交底。

(4)袋装干混砂浆在现场应机械搅拌均匀,搅拌时间应不低于 3 min;散装干混砂浆搅拌时,应保持物料均匀稳定,停止搅拌时应及时拆卸、清洗搅拌叶片。

(5)施工前,基层应平整、坚固、清洁,前道工序留下的沟槽、孔洞应修整完毕。应根据产品使用说明书和相关标准的要求决定是否对基层进行湿润处理。基层平整度超出允许误差时,可用适宜砂浆找平,找平砂浆与基层的粘结强度应符合相关标准的规定。

(6)施工时,施工环境温度宜为 5~35 ℃;当施工环境温度超出该范围时,应采取保证工程质量的措施。五级及以上大风、雨天和雪天的露天环境下,不宜进行预拌砂浆的施工;施工中突遇雨雪天气时,应采取措施保证砂浆性能不受影响。

第 40 条　袋装水泥

技术名称	禁止	限制	技术(性能)指标	限制、禁止使用范围	相关理由	替代技术(产品)	执行时间
袋装水泥		√		不得用于预拌混凝土和预拌砂浆的生产	浪费资源,易污染环境	散装水泥	2019 年 11 月 6 日起执行

【释义】

一、什么是袋装水泥?

袋装水泥:用纸袋包装(包括腹膜塑编袋、复合袋等)进行出厂、运输、储存和使用的水泥。

二、为什么限制使用袋装水泥?

(1)节约大量的资源、能源。每使用 1 万 t 散装水泥,可节约包装纸 60 t,而生产 60 t 纸至少需要 330 m^2 优质木材、电 7.2 万 kW · h、煤 78 t、烧碱 22 t,棉纱 4 t。

(2)节约可观的包装费用,大大降低水泥生产、流通使用成本。袋装水泥的包装费用占水泥生产成本的1/5,占销售价格的1/6,用户使用散装水泥可降低工程造价。

(3)减少水泥损耗。袋装水泥从出厂到使用至少经过三次搬运,使用时必须拆包,由于纸袋破损和纸袋内的残留,水泥损耗在5%以上。散装水泥由于装卸、储运采用密封和无尘作业,水泥损耗在0.5%以下。

(4)确保水泥质量。袋装水泥堆存3个月后,因受热受潮,强度损失15%~20%,6个月强度损失20%~30%。经过一段时间储存后,袋装水泥的早期强度下降为刚出厂水泥的70%~80%。散装水泥装于库内或容器内,环境温度对它影响较小,故能储存较长时间。实验证明,在相对密封的库内或容器中储存13个月的散装水泥不变质,而袋装水泥存放12个月后,强度降低30%~50%,且易受潮、结块变质。

(5)改善劳动条件,减少环境污染。袋装水泥从出厂到使用,须经数次搬运,在装、运、卸、搬、垛过程中,劳动强度极大,粉尘飞扬。而散装水泥采用无尘装卸,机械化密封储运,改善了劳动条件,净化了环境,保障了工人身体健康。

(6)节约大量劳动力,提高劳动生产率。袋装水泥从水泥厂包装起到工地拆包使用,环节多,占用劳动力多,劳动生产率低。而散装水泥能成倍甚至几十倍地提高效率,减少劳动力使用。

(7)提高运输能力。散装水泥采用机械化装卸,大量节省装卸车、船时间,提高运输能力,加速周转。

(8)计量准确。袋装水泥计量误差在4%左右,而散装水泥设施配备适用的计量设备,计量误差极小。

(9)减少仓储场地。建30 t级的袋装水泥堆场,占地15 m^2,且不能搬迁。而30 t级的散装水泥筒仓仅占地5 m^2 左右,可随工程需要搬迁。

(10)可全天候作业。散装水泥的装卸、运输不受气候影响,可全天候作业,确保工程进度,而袋装水泥在雨雪天却难于装卸运输。

三、使用散装水泥有哪些优势?

发展散装水泥不仅是对水泥传统的流通方式的改革,有利于建筑施工的高效化和现代化,而且也具有明显的经济效益。

(1)发展散装水泥可以使水泥生产企业获得经济效益。水泥的生产成本主要由原材料、燃料、设备折旧、人工费等几大部分组成,其中燃料与人工费占水泥生产成本的20%左右。如果生产散装水泥,可以节省大量的人工费,同时由于不需要包装车间,可以节约电、包装纸及缝袋用的棉纱等,综合起来计算,生产散装水泥比袋装水泥可降低成本20%左右。

(2)发展散装水泥为用户带来效益。根据我国水泥销售市场的情况,散装水泥销售价格一般比袋装水泥便宜,按照目前包装纸价格,每吨散装水泥与袋装水泥出厂价相差25~30元,可以大大降低工程项目的造价。

(3)发展散装水泥可节约包装袋,为国家节约木材,减少不必要的浪费和损失,符合国家政策。

第 41 条　高碱混凝土膨胀剂

技术名称	禁止	限制	技术（性能）指标	限制、禁止使用范围	相关理由	替代技术（产品）	执行时间
高碱混凝土膨胀剂	√		碱含量 >0.75%	严禁用于全市建设工程	易造成混凝土碱集料反应，影响耐久性	符合《混凝土膨胀剂》（GB/T 23439）要求的混凝土膨胀剂	2019 年 11 月 6 日起执行

【释义】

一、什么是混凝土膨胀剂？什么是高碱混凝土膨胀剂？

（1）混凝土膨胀剂：是一种能使混凝土产生一定体积膨胀的外加剂。混凝土在浇筑硬化过程中，由于化学减缩、冷缩和干缩等原因会引起体积收缩，甚至导致混凝土开裂。混凝土中掺入膨胀剂是解决混凝土开裂的有效措施之一。它依靠本身的化学反应或水泥其他成分反应，在水化期产生一定限度的膨胀，以补偿混凝土的收缩。膨胀剂主要用于为减少干燥收缩而配制的补偿收缩混凝土和自应力混凝土结构中。前者的主要目的是防止混凝土产生裂缝，用于建筑物、路桥、水工、地下工程等的防渗抗裂；后者主要目的是提高制品的抗裂强度和抗裂承载能力，如预制梁板、离心管、箱形涵洞等。随着商品混凝土和泵送混凝土的推广应用，现用高效减水剂（或泵送剂）与膨胀剂复合配制防渗抗裂的流态混凝土以及高性能混凝土，以解决其体积的稳定性问题。膨胀剂根据其基本组成以及膨胀源的不同可分为硫铝酸盐系膨胀剂、石灰系膨胀剂、铁粉系膨胀剂、氧化镁系膨胀剂及复合型膨胀剂五种类型。

（2）高碱混凝土膨胀剂：总碱质量分数大于 0.75% 的混凝土膨胀剂。

二、为什么禁止使用高碱混凝土膨胀剂？

国家在 2000 年 3 月 1 日禁止使用高碱混凝土膨胀剂，主要原因有以下两点：

（1）膨胀剂碱含量高，能为混凝土碱集料反应贡献较多的有效碱，从而造成混凝土碱集料反应隐患。

（2）掺入膨胀剂量过大，影响混凝土早期强度。

三、膨胀剂的应用技术要求有哪些？

1.膨胀剂的应用范围

（1）补偿混凝土收缩。混凝土在凝结硬化过程中要产生相当于自身体积 0.04%～0.06% 的收缩，当收缩产生的拉应力超过混凝土的抗拉强度时就会产生裂缝，这些裂缝的存在和不断扩展又会导致渗漏、腐蚀破坏，进而影响混凝土耐久性。膨胀剂的作用在于混凝土凝结硬化的初期(1~4 d)龄期内产生一定的体积膨胀,以补偿混凝土收缩。用膨胀剂产生的自应力来抵消收缩应力,从而保持混凝土的体积稳定性。因此,膨胀剂应是一种混凝土防裂、密实的材料。

(2)混凝土自防水。许多混凝土构筑物有防水、防渗要求,除采取混凝土外部的防水处理外,混凝土的结构自防水也是非常重要的。膨胀剂常常用来做混凝土结构自防水材料,如用于地下防水工程、地下室、地下建筑混凝土工程、地铁、贮水池、游泳池、屋面防水工程等。

(3)自应力混凝土。混凝土在掺入膨胀剂后,除补偿自身收缩外,在限制条件下还保留一部分的膨胀能力来形成自应力混凝土。

(4)防裂密实作用。用于坑道、井筒、井巷、隧道、涵洞等围护、支护结构混凝土以及喷射混凝土中,起到密实、防裂、抗渗作用。

2.应用技术要点

膨胀作用的发挥除了与膨胀剂本身的成分和掺量有关外,还与水泥的组成及混凝土施工质量措施有关。

(1)水泥的影响。对硫铝酸盐型膨胀剂来说,不同的水泥其膨胀率是不一样的,水泥的质量对水中养护、空气养护的膨胀率、抗压强度、抗折强度影响都不一样,这主要与水泥中熟料成分有关。

①膨胀率随水泥中 Al_2O_3、SO_3 含量的增加而增加。

②矿渣水泥膨胀率大于通用硅酸盐水泥及普通水泥。

③水泥用量的影响。水泥用量大,膨胀值就高;水泥用量低,膨胀值就低。日本规定掺膨胀剂的混凝土水泥用量不得低于 290 kg/m^3。水泥强度等级低则膨胀值大;水泥强度等级高则膨胀值小。

(2)养护条件的影响。养护条件对掺膨胀剂的混凝土至关重要。膨胀剂的膨胀作用主要发生在混凝土浇筑的初期,一般在 14 d 以后其膨胀率就趋于稳定。这时也是水泥水化的重要阶段,两者之间有“争水”现象。一般掺有膨胀剂的混凝土必须加强早期保湿,保湿养护的时间不得少于 14 d。曾有一些施工单位提出“不掺膨胀剂还好,一掺反而有裂缝”,实际上膨胀剂防止裂缝不是万能的,必须与诸多条件配合起来才能奏效。其中,养护不好是在施工中最容易出现的问题,尤其是在炎热或者干燥的天气。

(3)温度的影响。温度变化不但影响膨胀剂的膨胀速率还影响膨胀值,温度过高混凝土坍落度损失大,极限膨胀值减小,温度太低膨胀速率减慢且极限膨胀值也减小。如 20 ℃时自由膨胀率为 0.08%,而在 0 ℃左右时降到 0.007%。在龄期 40 d 时,20 ℃养护时自由膨胀率达 0.1%,而 1 ℃时只有 0.042%。因此最适合的养护温度为 18~25 ℃,而最低不应低于 5 ℃,冬季施工应采用其他辅助手段。

(4)混凝土配筋率的影响。膨胀混凝土的膨胀应力与限制条件有很大关系,而在钢筋混凝土中配筋率是主要的限制条件。试验证明,在一定条件下存在一个最佳配筋率的范围,在此范围内膨胀率不高,但自应力值较大。而配筋率过低时虽然膨胀变形大但自应力值低,配筋率过高,膨胀率很小,自应力值也不高,而且不经济。一般当配筋率在 0.2%~1.5%,钢筋混凝土的自应力值随配筋率的提高而增加。

第 42 条 砂浆微沫剂

技术名称	禁止	限制	技术（性能）指标	限制、禁止使用范围	相关理由	替代技术（产品）	执行时间
砂浆微沫剂	√			严禁用于全市建设工程	质量难以保证，影响砂浆性能	符合标准要求的砂浆外加剂	2019 年 11 月 6 日起执行

【释义】

一、什么是砂浆微沫剂？

砂浆微沫剂是一种表面活性物质，其主要化学成分为松香酸钠(改性松香酸皂)，分子式为 Cl_9H_{29}—COONa，它的分子是由非极性基(憎水基)—Cl_9H_{29}和极性基(亲水基)—COONa 组成的棕色膏状物。当微沫剂与水同时搅拌时，亲水基溶于水中，憎水基的长键与水呈相斥状态，形成大量微小气泡，适用于砌筑砂浆及抹面砂浆，也适用于引气型混凝土，可与减水剂等外加剂复合使用。微沫剂在拌和砂浆时掺入，能提高砂浆的和易性及保水性。

二、为什么禁止使用砂浆微沫剂？

(1)掺量少，用量不易掌握，对砂浆强度影响大。其一般用量为水泥质量的 0.005%~0.01%，不宜过量，所以现场不易准确掌握。掺量过大，砂浆的其他方面性能不但没有明显改善反而会导致砂浆强度大幅度降低。

(2)使用不便。目前市售的微沫剂都为胶体状，在常温的水中较难溶解，需用热水溶解后才能使用，现场使用不便。

(3)质量不易控制。应用微沫剂一定要认真严格计量，防止掺量不准，严禁随意增加用量。同时要加强搅拌，确保混合均匀，否则会出现微沫砂浆试块结构状态疏松、表面易粉化的现象，导致抗压强度降低。

(4)自然养护条件后期强度增长变缓并略有降低。微沫砂浆含气量约为 4%。微沫砂浆在潮湿条件下养护抗压强度增长较快，强度增长规律与水泥砂浆强度增长情况相近。28 d 后转入自然养护条件强度仍有一定增加，180 d 左右强度增长达到峰值，以后强度不再增长并略有降低，一年后强度变化趋于平稳，后期强度不再继续增长。微沫砂浆后期强度增长变缓并略有降低。因为在水泥硬化早期，由于气泡壁的结构强度高于水泥石的强度，因而气泡存在对水泥净浆强度无不良影响。同时，水泥浆中加入微沫剂，在水泥硬化过程中由于松香酸钠分子的亲水作用使水泥颗粒表面与水化作用关系加强，减少硬化过程中水分流失，因此在硬化早期掺入微沫剂的水泥净浆试件比不掺的抗压强度高。但是，由于掺入微沫剂能在水泥净浆中产生大量密闭的气泡，随着水泥净浆的硬化，这些气泡最终被固结在净浆试件中，在水泥继续硬化进程中，将有一个强度发展曲线的转折点，即水泥石强度增长到一定程度后，气泡的空腔结构强度将低于水泥石的强度，因而水泥净浆试件强度发展后期，掺有微沫剂的水泥试件的强度增长变缓并略有降低。

第 43 条　钢筋保护层用砂浆垫块

技术名称	禁止	限制	技术（性能）指标	限制、禁止使用范围	相关理由	替代技术（产品）	执行时间
钢筋保护层用砂浆垫块		√		不得用于主城区建设工程	强度低，易移位，难以保证钢筋保护层厚度	符合标准要求的混凝土垫块、塑料定位件等	2019 年 11 月 6 日起执行

【释义】

一、什么是钢筋保护层用砂浆垫块？

钢筋保护层用砂浆垫块：采用水泥砂浆制作而成，放置于钢筋与模板之间用以保证混凝土保护层厚度的垫块。

二、为什么限制使用钢筋保护层水泥砂浆垫块？

我国在建筑工业方面要求梁、柱的钢筋混凝土保护层为 25 mm，板中的钢筋混凝土保护层为 15~20 mm。但钢筋保护层水泥砂浆垫块往往由施工企业现场加工制作，存在垫块厚度不均、强度低、易碎、脱丝等缺点，无法保证钢筋保护层的厚度；其与模板的接触面大，拆模后外观质量不满足要求；在实际操作中需要绑缚，操作不便、易位移脱落，不能有效地保证钢筋保护层厚度。因此，用一般的水泥砂浆做钢筋混凝土中的钢筋保护层垫块，极易影响建筑工程的质量。

三、钢筋保护层用塑料定位件有哪些特点？其应用技术要求有哪些？

（1）钢筋保护层用塑料定位件是以聚乙烯为基料，掺混填充料、改性剂交联混合加热注压成型的一种钢筋保护层定位件，按结构类型可分为梁、板钢筋保护层定位件垫块，以及柱、墙钢筋保护层定位件垫块。它主要应用于工业与民用建筑、公路与桥梁、水利、水电及市政混凝土工程。塑料定位件保护层定位准确，具有一定强度，不易变形，确保了混凝土梁、板、柱、墙的钢筋保护层厚度，还能对钢筋分布起到支撑、稳定、保护作用。而且定位件体积小、厚度薄，对混凝土制品的强度不造成影响，能有效地控制钢筋位置和保护层。同时，该产品安装方便快捷，操作简单、可靠。

（2）垫块施工应遵守的规范和标准如下：

①《混凝土结构设计规范》（GB 50010）；

②《混凝土结构工程施工质量及验收规范》（GB 50204）；

③产品的企业标准；

④施工图对混凝土钢筋保护层的要求。

(3)使用范围包括：

①结构构件：钢筋混凝土梁、柱、板、墙等。

②材料：直径 6~32 mm 的热轧光圆钢筋和热轧带肋钢筋。

(4)施工工艺流程如下：

①按施工图要求，根据结构类型、受力钢筋直径及混凝土钢筋保护层厚度，选择钢筋保护层垫块类型。

②根据受力钢筋的断面直径，确定垫块间距，计算各类垫块数量，再按间距要求依次由手工压入垫块，并检查与钢筋和模板接触是否紧密。

(5)施工中应注意的问题有：

①混凝土钢筋保护层垫块的选用应严格根据结构类型、钢筋直径和设计对保护层的要求，并满足施工规范的要求。

②混凝土钢筋保护层垫块应设置于受力主筋上，不得设置在箍筋位置。

③混凝土板的混凝土钢筋保护层垫块，当设有上、下双层钢筋时，应分别用垫块、马凳按上、下层受力筋控制保护层厚度衬垫、支承。

第 44 条　混凝土马凳、塑料马凳(楼板钢筋支撑用)

技术名称	禁止	限制	技术（性能）指标	限制、禁止使用范围	相关理由	替代技术（产品）	执行时间
混凝土马凳、塑料马凳(楼板钢筋支撑用)	√			严禁用于全市建设工程	难以保证楼板钢筋位置	符合要求的长条钢筋马凳等	2019 年 11 月 6 日起执行

【释义】

一、什么是混凝土马凳、塑料马凳(楼板钢筋支撑用)?

混凝土马凳、塑料马凳(楼板钢筋支撑用)：建筑施工中用于现浇楼板支撑上层钢筋的混凝土或塑料制成的定位器。

二、为什么禁止使用混凝土马凳和塑料马凳(楼板钢筋支撑用)?

混凝土马凳和塑料马凳在施工过程中有一定的缺陷，混凝土马凳在人员踩踏后钢筋易弯曲变形，在浇注混凝土时马凳易倾倒，塑料马凳(楼板钢筋支撑用)的高度基本上是板厚的 70%~85%，且塑料马凳质量轻、易位移，难以保证施工质量和钢筋保护层厚度。

三、长条钢筋马凳的优点有哪些？

板面钢筋的支撑件应具有足够的强度和刚度，应优先选用长条钢筋马凳（图 19）。长条钢筋马凳改点支撑为线支撑，钢筋不易变形，可以和楼板钢筋绑扎连接，不易侧翻，且摆放容易、施工方便，能加快施工进度。长条钢筋马凳搁置时按排连续放置，排间距不大于 800 mm，边排距端部边缘不应大于 200 mm。支撑件应置于板底钢筋以上，不得直接搁置于模板上。

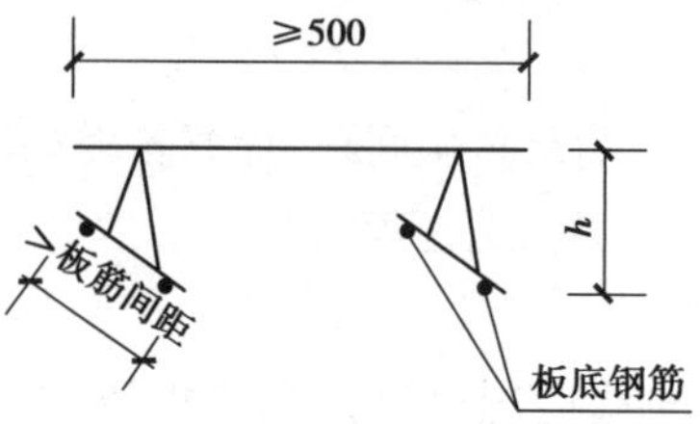

图 19　长条钢筋马凳加工示意图

第 45 条　钢筋砖过梁

技术名称	禁止	限制	技术（性能）指标	限制、禁止使用范围	相关理由	替代技术（产品）	执行时间
钢筋砖过梁	√			严禁用于全市建设工程	施工质量难以保证，抗震性能差	钢筋混凝土过梁	2019 年 11 月 6 日起执行

【释义】

一、什么是钢筋砖过梁？

钢筋砖过梁：配筋平砌式砖砌过梁，其砌筑方法与墙体相同，只是在过梁的计算截面高度范围内采用强度等级较高的砖及砂浆来砌筑，在过梁底面铺设一层较厚的高强度等级砂浆层并在砂浆层中配置纵向受拉钢筋。

二、为什么禁止使用钢筋砖过梁？

钢筋砖过梁中的钢筋与上面的砖砌体是在荷载作用下共同工作的，与受弯构件工作特征相似，上部砖砌体主要承压，底部钢筋砂浆层受拉。实际施工中，砌体在截面计算高度范围内的砌筑质量（特别是砌筑砂浆的强度和饱满度）难以满足设计要求，砌体抗压强度偏低，钢筋的作用不能得到充分发挥。作为钢筋保护层的砌筑砂浆，密实性差，使得钢筋易锈蚀破坏，进而影响耐久性，所以钢筋砖过梁的抗震性能较差。

第 46 条　单立轴行星式强制搅拌机

技术名称	禁止	限制	技术（性能）指标	限制、禁止使用范围	相关理由	替代技术（产品）	执行时间
单立轴行星式强制搅拌机		√		不得用于全市建设工程混凝土搅拌	搅拌混料不充分，混凝土质量难以保证	符合标准要求的其他搅拌机	2019 年 11 月 6 日起执行

【释义】

一、什么是单立轴行星式强制搅拌机?

单立轴行星式强制搅拌机：是一种水平安装在施工现场，主轴垂直料斗、搅拌叶水平转动，用于搅拌混凝土或砂浆的机械，俗称"磨儿机"。

二、为什么限制使用单立轴行星式强制搅拌机?

单立轴行星式强制搅拌机的三个搅拌桨按圆周等分 120°分布，按距立轴中心回转的远近来布置桨叶，分别在最外侧（靠近容器边）、最内侧（靠近立轴）、内外两搅拌叶片之间。旋转工作时，三个桨以相同的角速度绕立轴作同心转动，搅拌物料。这种搅拌方式使容器内的物料存在很大的搅拌盲区，致使所搅拌物料混合不充分，生产的混凝土不均匀、质量不稳定。

第五部分
门窗与玻璃幕墙

第 47 条　玻璃幕墙

技术名称	禁止	限制	技术（性能）指标	限制、禁止使用范围	相关理由	替代技术（产品）	执行时间
玻璃幕墙		√		不得用于新建住宅、党政机关办公楼、医院门诊急诊楼和病房楼、中小学校、托儿所、幼儿园、老年人建筑二层及以上外墙	不利于推进特定环境、特定建筑的玻璃幕墙安全防护工作	符合标准要求的其他外墙饰面技术	2019 年 11 月 6 日起执行

【释义】

一、什么是玻璃幕墙？

玻璃幕墙：采用铝合金型材、钢材等作为受力杆件，专用辅件等材料安装玻璃的建筑外墙装饰结构。玻璃幕墙的支承结构体系可相对建筑主体结构有一定位移能力，是一种不分担建筑主体结构所受作用的建筑外围护结构形式。

二、为什么限制使用玻璃幕墙？

（1）玻璃存在爆裂的情况。玻璃幕墙采用的钢化玻璃有 0.1%的自爆率，在安装施工中若玻璃的局部部位与刚性材料直接接触或预留间隙不足，受热时产生热膨胀应力极易爆裂；当建筑沉降、设计不合理时，玻璃幕墙易发生玻璃爆裂等质量事故，存在一定安全隐患。

（2）玻璃幕墙防火能力差。当建筑发生火灾时，玻璃短时间内会破碎，玻璃幕墙存在安全隐患。

(3)结构胶易失效。玻璃幕墙因长期受自然环境的不利因素影响,其结构胶易老化后失效,造成隐框玻璃幕墙、全玻幕墙等发生玻璃坠落现象。

第48条　全隐框玻璃幕墙

技术名称	禁止	限制	技术(性能)指标	限制、禁止使用范围	相关理由	替代技术(产品)	执行时间
全隐框玻璃幕墙		√		不得用于人员密集、流动性大的商业中心和交通枢纽、公共文化体育设施等场所,以及临近道路、广场及下部为出入口、人员通道的建筑	不利于推进特定环境、特定建筑的玻璃幕墙安全防护工作	符合标准要求的其他外墙饰面技术	2019年11月6日起执行

【释义】

一、什么是全隐框玻璃幕墙?

全隐框玻璃幕墙:采用铝合金型材、钢材等为受力杆件,玻璃构件使用结构胶与玻框等辅件粘接后安装在受力杆件上,外墙视面只显现玻璃面和玻璃拼装密封胶缝的外墙装饰玻璃幕墙。

二、为什么限制使用全隐框玻璃幕墙?

全隐框玻璃幕墙的结构胶易失效,缺乏固定玻璃的其他安全措施。其玻璃构件与承载辅件是通过结构胶粘接承载玻璃重量的,结构胶有效承载保质期一般为25~30年,承载保质期满后结构胶就存在承载辅件与玻璃构件脱落的严重安全隐患。

三、替代技术有哪些?

符合标准要求的其他外墙饰面技术,如半隐框玻璃幕墙、明框玻璃幕墙、点支撑玻璃幕墙、单元式玻璃幕墙等技术,增加幕墙玻璃的防脱落安全技术措施,保障玻璃幕墙在人员密集场所的安全性。

四、替代技术有哪些优势?

(1)半隐框玻璃幕墙可以是横明竖隐,也可以是竖明横隐,其安全性比全隐框玻璃幕墙高。

(2)明框玻璃幕墙是金属框架构件显露在外表面的玻璃幕墙,它以特殊断面的铝合金型材为框架,玻璃面板全嵌入型材的凹槽内。其特点在于铝合金型材本身兼有骨架结构和固定玻璃的双重作用,施工技术要求不高,安全可靠性高。

(3)点支撑玻璃幕墙是由玻璃面板、点支承装置和支撑结构构成的玻璃幕墙。其支撑结构形式有玻璃肋支撑、单根型钢或钢管支撑、桁架支撑及张拉杆索体系支撑,其安全性比全隐框玻璃幕墙高。

(4)单元式玻璃幕墙是指由各种墙面板与支承框架在工厂制成完整的幕墙结构基本单位,直接安装在主体结构上的建筑幕墙。单元式幕墙主要可分为单元式幕墙和半单元式幕墙(又称竖梃单元式幕墙),半单元式幕墙又可细分为立梃分片单元组合式幕墙和窗间墙单元式幕墙,其安全性比全隐框玻璃幕墙高。

第49条　防火门(现场拼装和涂刷)

技术名称	禁止	限制	技术（性能）指标	限制、禁止使用范围	相关理由	替代技术（产品）	执行时间
防火门(现场拼装和涂刷)	√			严禁用于全市建设工程	质量难以保证	符合标准要求的成品防火门	2019年11月6日起执行

【释义】

一、什么是防火门?

防火门:用难燃材料或不燃材料制作门框、门扇骨架、门扇面板,门扇内若填充材料,则填充对人体无毒无害的防火隔热材料,并配以防火五金配件所组成的具有一定耐火性能的门。

二、为什么禁止使用防火门(现场拼装和涂刷)?

(1)根据国家住房和城乡建设部、重庆市住房和城乡建设委员会对进入建设工程的建筑门窗管理文件要求,禁止在施工现场制作门窗。

(2)现场拼装防火门,由于工人的技术水平不一致、工序质量不易控制且难于管理等原因,防火门质量难以满足国家及行业相关产品标准要求。

(3)饰面防火涂料涂刷需要在无尘场地操作,施工现场难以达到无尘要求,会使饰面存在大量的颗粒现象,严重影响美观和防火效果。

三、成品防火门的应用要求有哪些?

防火门的主要种类有:木质防火门、钢木质防火门、钢质防火门等。《建筑设计防火规范》(GB 50016—2014,2018年版)第6.5.1条第7款的要求,甲、乙、丙级防火门应符合《防火门》(GB 12955)的规定。各种防火门的燃烧性能和耐火极限见表46。

表 46　防火门的燃烧性能和耐火极限

序号	构件名称	构件厚度或截面最小尺寸/mm	耐火极限/h	燃烧性能
1	木质防火门:木质面板或木质面板内设防火板。门扇内填充珍珠岩、氯化镁或氧化镁	丙级:40~50 乙级:40~50 甲级:50~90	丙级:0.50 乙级:1.00 甲级:1.50	丙级:难燃性 乙级:难燃性 甲级:难燃性
2	钢木质防火门: 1.木质面板,①钢质或钢木质复合门框、木质骨架,迎/背火面一面或两面设防火板,或不设防火板。门扇内填充珍珠岩,或氯化镁、氧化镁;②木质门框、木质骨架,迎/背火面一面或两面设防火板或钢板。门扇内填充珍珠岩,或氯化镁、氧化镁 2.钢质面板,钢质或钢木质复合门框、钢质或木质骨架,迎/背火面一面或两面设防火板,或不设防火板。门扇内填充珍珠岩、氯化镁或氧化镁	丙级:40~50 乙级:40~50 甲级:50~90	丙级:0.50 乙级:1.00 甲级:1.50	丙级:难燃性 乙级:难燃性 甲级:难燃性
3	钢质防火门:钢质门框、钢质面板、钢质骨架。迎/背火面一面或两面设防火板,或不设防火板。门扇内填充珍珠岩或氯化镁、氧化镁	丙级:40~50 乙级:45~70 甲级:50~90	丙级:0.50 乙级:1.00 甲级:1.50	丙级:不燃性 乙级:不燃性 甲级:不燃性

成品防火门的质量稳定,易于满足相关国家及行业的产品性能指标要求,便于采购和使用,其产品质量由生产厂家负责,后期的质量投诉和维保也有保障。成品防火门是在工厂通过流水生产线加工完成,产能达到最大化、材料利用最大化、综合成本控制最大化,符合国家节约资源、保护环境的生产方式。

第 50 条　建筑外门窗

技术名称	禁止	限制	技术(性能)指标	限制、禁止使用范围	相关理由	替代技术(产品)	执行时间
建筑外门窗		√	$K>2.8$ W/(m^2·K)	不得用于全市有节能要求的建设工程	节能效果差	符合标准要求的其他节能门窗	2019 年 11 月 6 日起执行

【释义】

一、什么是建筑外门窗?

建筑外门窗:安装于建筑外围护结构的门和窗,即一边面向室外、一边面向室内的门窗。通俗点讲,打开门窗能看见屋外风景的门窗就是外门窗。

二、为什么限制使用 $K>2.8$ W/(m^2·K)的建筑外门窗?

(1)重庆市建筑节能设计标准中门窗保温性能门槛值较同属夏热冬冷地区的上海、江苏要求偏低。我市地方节能设计标准经过几次修订后,其节能门窗的保温性能的最低门槛值仍为4.2 W/(m^2·K)(即在民用建筑外门窗中允许使用非隔热铝合金6透明+9A+6透明中空玻璃门窗)。在我国的其他夏热冬冷地区,上海市民用建筑门窗的保温性能最低门槛值为2.2 W/(m^2·K),江苏省为2.4 W/(m^2·K),四川省的夏热冬冷区域为2.2 W/(m^2·K)。可见,我市节能门窗的保温性能的门槛很低,这对于提高我市建筑节能门窗的品质和减少建筑能耗极为不利。

(2)保温性能差的门窗通常其气密性、隔声效果也差。在我市新建民用建筑中,建筑外门窗必须使用中空玻璃门窗,这对减少建筑能耗及改善建筑使用的舒适感有明显的促进作用。但近年来,随着人们生活水平的提高,业主对建筑的品质要求越来越高,传统建筑的品质越来越不能满足人民群众对美好生活品质的更高需求。如:居住建筑、学校、医院等对临街交通噪声、工厂生产噪声等更为敏感,在交房过程中,政府建筑工程质量管理部门和建设单位接到这方面的工程质量问题投诉逐年增多。目前,保温性能差的建筑门窗的隔声性能等指标远远不能满足人们的高品质生活要求,因此我市建筑门窗的整体质量急待提升。

(3)建筑外门窗保温性能的提高,不仅能显著提升建筑的节能效果(建筑外门窗导致的能耗损失占建筑总能耗的50%左右),而且便于施工安装和管理。目前,在我市2016版的居住建筑节能设计标准及公共建筑节能设计标准中,由于建筑外门窗的保温性能要求不高,部分建设单位为了降低工程成本,在一栋楼中使用的建筑门窗种类很多(如:住宅的厨房卫生间门窗为非隔热铝合金透明玻璃中空窗、起居室推拉门为隔热铝合金透明玻璃中空窗、卧室阳光窗为隔热铝合金Low-e玻璃中空窗或隔热铝合金氩气中空窗等),造成建筑外门窗的型材、玻璃规格众多,不便于建筑外门窗的统一采购制作、安装及施工现场质量管理,常出现现场安装的门窗不符合节能设计要求的情况。建筑外门窗的保温性能提高后,节能设计中可选的门窗种类将大幅度减少,有利于建设工程中节能门窗的统采统购、施工安装及质量管理。

三、保温性能 $K\leqslant2.8$ W/(m^2·K)的建筑外门窗有哪些?技术经济性如何?

(1)保温性能 $K\leqslant2.8$ W/(m^2·K)的建筑外门窗有:隔热铝合金Low-e玻璃中空门窗、多腔塑钢中空玻璃门窗、彩钢中空玻璃门窗、铝木复合中空玻璃门窗以及其他满足保温性能 $K\leqslant2.8$ W/(m^2·K)的建筑外门窗。

(2)技术经济性评价。我市的建筑外门窗多数为铝合金中空玻璃门窗、塑钢中空玻璃门窗,二者的市场占有率在98%以上,其他种类的门窗使用较少。

塑钢中空窗:在有节能要求的民用建筑工程中,一般都使用三腔塑料型材。三腔塑钢5透明+9A+5透明窗每平方的成本只比二腔塑钢5透明+9A+5透明窗贵5元左右,从提高保温性能和隔声性能上来说，一般的三腔塑钢 5 透明+9A+5 透明窗的传热系数即可达到 2.8 W/(m^2·k)。

铝合金中空窗：在有节能要求的民用建筑工程中，一般空调能耗房间（如：起居室、卧室）都使用隔热铝合金，非能耗房间（如：厨房、卫生间）才使用非隔热铝合金。使用铝合金窗的楼盘开发品质较高，应淘汰非隔热铝合金型材，隔热铝合金 5 高透 Low-e+9A+5 透明窗比非隔热铝合金 5 高透 Low-e+9A+5 透明窗的成本每平方米贵 150 元左右，但非隔热铝合金的用量较小，Low-e 玻璃比普通透明玻璃每平方米贵 50 元左右，从提高保温性能和隔声性能上来说，一般的多腔隔热铝合金 5 高透 Low-e+9A+5 透明窗的传热系数即可达到 2.8 W/(m^2·k)。

建筑外门窗的保温性能门槛提高后，其生产成本会有一定比例的增加，占整个建设成本增量很小。高品质的节能门窗将在促进我市建筑门窗产业升级、提升建筑节能效果、改善居住品质等方面发挥长久的经济效益和社会综合效益。

第 51 条　塑料窗

技术名称	禁止	限制	技术（性能）指标	限制、禁止使用范围	相关理由	替代技术（产品）	执行时间
塑料窗	√		主型材可视面壁厚<2.5 mm	严禁用于全市建设工程	刚度差，与墙体的连接质量难以保证	符合《建筑用塑料窗》（GB/T 28887）要求的塑料窗	2019 年 11 月 6 日起执行

【释义】

一、什么是塑料窗？

塑料窗：是指基材为未增塑聚氯乙烯（PVC-U）型材并内衬增强型钢的窗。塑料窗也称为塑钢窗，是型材之间采用专用连接件拼接，型材经下料、装配钢衬、焊接、装配五金件和玻璃等多道工序制作成的门窗产品，它是建筑门窗的重要品种之一。塑料窗按用途分为：室外塑料窗、室内塑料窗；按开启方式分为：内平开、外平开、内平开下悬、上悬、下悬、中悬、推拉、上下推拉、固定塑料窗。

二、为什么禁止使用主型材可视面壁厚<2.5 mm 的塑料窗？

（1）型材刚度不够，与安装连接件连接强度低，不能满足《建筑用塑料窗》（GB/T 28887—2012）的相关要求。标准中的第 5.1.2.2 条款要求“窗用主型材可视面最小实测壁厚不应小于 2.5 mm，非可视面型材最小实测壁厚不应小于 2.0 mm”。

（2）塑料窗型材壁厚不断提高，方能提升建筑门窗产品质量。2004 年 10 月 1 日起实施的《门、窗用未增塑聚氯乙烯（PVC-U）型材》（GB/T 8814—2004）对主型材可视面壁厚分为三大类，即 A 类主型材可视面壁厚≥2.8 mm，非可视面壁厚≥2.5 mm；B 类主型材可视面壁厚≥

2.5 mm,非可视面壁厚≥2.0 mm;C 类主型材可视面、非可视面壁厚均不做规定。该标准实施后,由于未规定三类主型材的门窗使用范围,部分生产企业为了降低成本,不断减小型材壁厚,且断面也越做越小,难以保证塑料门窗的刚度、四性(水密性、气密性、抗风压性能、保温性能)等物理力学性能。同时,在制作、安装过程中,门窗与五金配件、墙体的连接质量,门窗框与门窗扇的连接质量等存在不足,使薄壁型材制作的门窗存在大量的质量隐患,影响建筑门窗工程的安全和寿命。为保证塑料门窗工程质量,2006 年 1 月又颁发了《未增塑聚氯乙烯(PVC-U)塑料门》(JG/T 180—2005)、《未增塑聚氯乙烯(PVC-U)塑料窗》(JG/T 140—2005),分别按开启形式和门窗类别规定了主型材可视面最小壁厚,这无疑是对《门、窗用未增塑聚氯乙烯(PVC-U)型材》(GB/T 8814—2004)标准"C 类主型材可视面、非可视面壁厚不做规定"的补充与完善。因此,为了提高塑料门窗的加工制作、安装质量,保证塑料门窗在外界气候条件影响下的长期使用功能,《未增塑聚氯乙烯(PVC-U)塑料窗》(JG/T 140—2005)标准明确规定了主型材可视面最小实测壁厚,即平开窗主型材可视面最小实测壁厚≥2.5 mm;推拉窗主型材可视面最小实测壁厚≥2.2 mm。《建筑用塑料窗》(GB/T 28887—2012)中,不仅对塑料窗的主型材可视面壁厚提出更高要求,而且对非可视面型材的壁厚也提出了要求。

(3)《建筑用塑料门》(GB/T 28886—2012)和《建筑用塑料窗》(GB/T 28887—2012),于 2013 年 6 月 1 日正式实施。原《未增塑聚氯乙烯(PVC-U)塑料门》(JG/T 180—2005)和《未增塑聚氯乙烯(PVC-U)塑料窗》(JG/T 140—2005)已于 2013 年 10 月 12 日废止。《关于执行国家标准〈建筑用塑料门〉GB/T 28886—2012 和〈建筑用塑料窗〉GB/T 28887—2012 有关事项的通知》(渝建发〔2014〕81 号)已明确要求,从 2014 年 10 月 1 日起,全市范围内尚未通过施工图审查且采用塑料门窗的民用建筑工程一律按照 2012 版塑料门窗的国家产品标准进行设计。

第 52 条　塑料门

技术名称	禁止	限制	技术(性能)指标	限制、禁止使用范围	相关理由	替代技术(产品)	执行时间
塑料门	√		主型材可视面壁厚<2.8 mm	严禁用于全市建设工程	刚度差,与墙体的连接质量难以保证	符合《建筑用塑料门》(GB/T 28886)要求的塑料门	2019 年 11 月 6 日起执行

【释义】

一、什么是塑料门?

塑料门:是指基材为未增塑聚氯乙烯(PVC-U)型材并内衬增强型钢的门。塑料门也称为塑钢门,是型材之间采用专用连接件拼接,型材经下料、装配钢衬、焊接、装配五金件和玻璃等多道工序制作成的门窗产品,它是建筑门窗的重要品种之一。

塑料门按用途分为:室外塑料门、室内塑料门;按开启方式分为:内平开、外平开、内平开下悬、推拉下悬、折叠、推拉、提升推拉、地弹簧塑料门。

二、为什么禁止使用主型材可视面壁厚<2.8 mm 的塑料门?

(1)刚度不够、型材与安装连接件连接强度差,不能满足《建筑用塑料门》(GB/T 28886—2012)的相关要求。标准中的第 5.1.2.2 条款要求“门用主型材可视面最小实测壁厚不应小于 2.8 mm,非可视面型材最小实测壁厚不应小于 2.5 mm”。

(2)塑料门型材壁厚不断提高,方能提升建筑门窗产品质量。2004 年 10 月 1 日起实施的《门、窗用未增塑聚氯乙烯(PVC-U)型材》(GB/T 8814—2004)对主型材可视面壁厚分为三大类,即 A 类主型材可视面壁厚≥2.8 mm,非可视面壁厚≥2.5 mm;B 类主型材可视面壁厚≥2.5 mm,非可视面壁厚≥2.0 mm;C 类主型材可视面、非可视面壁厚均不做规定。该标准实施后,由于未规定三类主型材的门窗使用范围,部分生产企业为了降低成本,不断减小型材壁厚,且断面也越做越小,难以保证塑料门窗的刚度、四性(水密性、气密性、抗风压性能、保温性能)等物理力学性能。同时,在制作、安装过程中,门窗与五金配件、墙体的连接质量,门窗框与门窗扇的连接质量等存在不足,使薄壁型材制作的门窗存在大量的质量隐患,影响建筑门窗工程的安全和寿命。为保证塑料门窗工程质量,2006 年 1 月又颁发了《未增塑聚氯乙烯(PVC-U)塑料门》(JG/T 180—2005),按开启形式和门窗类别规定了主型材可视面最小壁厚,这无疑是对《门、窗用未增塑聚氯乙烯(PVC-U)型材》(GB/T 8814—2004)标准“C 类主型材可视面、非可视面壁厚不做规定”的补充与完善。因此,为了提高塑料门窗的加工制作、安装质量,保证塑料门窗在外界气候条件影响下的长期使用功能,《未增塑聚氯乙烯(PVC-U)塑料门》(JG/T 180—2005)明确规定了主型材可视面最小实测壁厚,即平开门主型材可视面最小实测壁厚≥2.8 mm;推拉门主型材可视面最小实测壁厚应≥2.5 mm。在《建筑用塑料门》(GB/T 28886—2012)中,与《未增塑聚氯乙烯(PVC-U)塑料门》(JG/T 180—2005)相比较,不仅对塑料门的主型材可视面壁厚提出更高要求,而且对非可视面型材的壁厚也提出了要求,在 2005 版的塑料门产品标准中并未对型材的非可视面壁厚有相应指标规定。

(3)市住房和城乡建设委员会已明确从 2014 年 10 月 1 日起,全市范围内尚未通过施工图审查且采用塑料门窗的民用建筑工程一律按照 2012 版塑料门窗的国家产品标准进行设计。《关于执行〈建筑用塑料门〉GB/T 28886—2012 和〈建筑用塑料窗〉GB/T 28887—2012 有关事项的通知》(渝建发〔2014〕81 号)已明确要求,《建筑用塑料门》(GB/T 28886—2012)和《建筑用塑料窗》(GB/T 28887—2012)已于 2012 年 11 月发布,并于 2013 年 6 月 1 日正式实施,原《未增塑聚氯乙烯(PVC-U)塑料门》(JG/T 180—2005)和《未增塑聚氯乙烯(PVC-U)塑料窗》(JG/T 140—2005)已于 2013 年 10 月 12 日废止。

第53条　单片半钢化玻璃、单片夹丝玻璃

技术名称	禁止	限制	技术（性能）指标	限制、禁止使用范围	相关理由	替代技术（产品）	执行时间
单片半钢化玻璃、单片夹丝玻璃		√		不得用于玻璃幕墙工程	安全性差，难以保证人身安全	符合标准要求的其他玻璃制品	2019年11月6日起执行

【释义】

一、什么是半钢化玻璃？什么是夹丝玻璃？

（1）半钢化玻璃：又称热增强玻璃，它是介于普通平板玻璃和钢化玻璃之间的一个品种，它兼有钢化玻璃的部分优点，如强度较普通浮法玻璃高（是普通浮法玻璃的2倍），同时又回避了钢化玻璃平整度差、易自爆、一旦破坏即整体粉碎等不如人意之弱点。半钢化玻璃破坏时，沿裂纹源呈放射状径向开裂，一般无切向裂纹扩展，所以破坏后一般情况下仍能保持整体不塌落。钢化玻璃的生产有物理方法和化学方法两种，目前使用的钢化玻璃大多采用物理方法。其基本原理是，玻璃原片经加热和急冷处理，表层形成强大的压应力（玻璃表面应力为69~168 MPa），使得玻璃的机械强度增加数倍。如果经上述方法处理，玻璃表层形成的压应力低于69 MPa，即为半钢化玻璃。半钢化玻璃表面应力为24~69 MPa，其增强效果较差。

（2）夹丝玻璃：也称防碎玻璃和钢丝玻璃，它是将玻璃原片加热到软化状态，再将预热处理的铁丝或铁丝网压入玻璃中而制成的玻璃。

二、为什么限制使用单片半钢化玻璃和单片夹丝玻璃？

1.玻璃幕墙上限制使用单片半钢化玻璃的原因

钢化玻璃的安全性好，破裂后呈碎小钝角颗粒，对人体不会造成重大伤害；钢化玻璃的抗冲击强度是普通玻璃的5~10倍，抗弯强度是普通玻璃的3~5倍；钢化玻璃具有良好的热稳定性，能经受的温差约110 ℃。但是钢化玻璃有一个目前技术不能解决的问题，就是硫化镍引起的自爆。现场鉴别钢化玻璃一般有两种方法：一是全数检查，用偏光镜观察，在适合的自然光下可以看到玻璃表面有应力干涉波纹；二是抽样检查，敲碎一片玻璃，观察其破坏后的形态。半钢化玻璃的安全性较差，破裂现象与普通玻璃相似，会对人体造成重大伤害，因此玻璃幕墙工程中限制使用单片半钢化玻璃。

2.玻璃幕墙上限制使用单片夹丝玻璃的原因

一是夹丝玻璃在切割时，切口部分容易坏，导致切口部分的玻璃强度降低，大约为普通玻璃的一半，因此和普通玻璃比，更容易产生热断裂现象。二是夹丝玻璃的线网表面是经过特殊处理的，一般不易生锈，但切口部分处于无处理状态，遇水时易生锈，严重时会引起体积膨胀，切口部分可能产生裂纹，降低边缘的强度，以致破裂，这也是造成热断裂的主要原因。

第 54 条　钢制膨胀螺栓

技术名称	禁止	限制	技术（性能）指标	限制、禁止使用范围	相关理由	替代技术（产品）	执行时间
钢制膨胀螺栓		√		不得用于幕墙主框架与主体结构连接	施工质量难以保证，存在安全隐患	预埋螺栓或后置化学螺栓等	2019 年 11 月 6 日起执行

【释义】

一、什么是钢制膨胀螺栓？

钢制膨胀螺栓：是指用钢质材料制造的膨胀螺栓，它主要由沉头螺栓、胀管、平垫圈、弹簧垫和六角螺母组成。

二、为什么限制使用钢制膨胀螺栓？

《玻璃幕墙工程技术规范》（JGJ 102）要求，连接件起传递幕墙荷载至主体结构上的作用，承受重力荷载、风荷载和地震作用效应，连接件与主体结构的锚固承载力设计值应大于连接件本身的承载力设计值。

钢制膨胀螺栓的使用效果：幕墙工程中连接固定件的受力状态为拉剪复合应力，钢制机械膨胀螺栓的埋深一般较浅，锚固破坏时主要表现为混凝土发生锥体破坏。同时，钢制机械膨胀螺栓在长期使用中耐腐蚀性差，容易发生疲劳松动，致使锚固失效，存在严重安全隐患。

第 55 条　现场打注结构密封胶施工工艺

技术名称	禁止	限制	技术（性能）指标	限制、禁止使用范围	相关理由	替代技术（产品）	执行时间
现场打注结构密封胶施工工艺		√		不得用于隐框和半隐框玻璃幕墙工程	施工质量难以保证	室内注胶成型、现场安装等装配式工艺	2019 年 11 月 6 日起执行

【释义】

一、什么是现场打注结构密封胶施工工艺?

现场打注结构密封胶施工工艺:在施工现场先安装玻璃后施打结构胶的施工工艺。

二、为什么限制使用现场打注结构密封胶施工工艺?

玻璃幕墙用结构胶是能用于粘连结构构件、传递载荷、承受较大应力的特种粘合剂。结构胶具有优良的耐老化、耐腐蚀、耐疲劳等特性,并具有一定的韧性。常用品种为建筑用硅酮结构密封胶,其主要技术性能指标见《建筑用硅酮结构密封胶》(GB 16776)的规定。规范要求在使用前应进行相容性和剥离粘结性试验,并对邵氏硬度、标准状态下拉伸粘结性能进行复验,进口结构胶还应具有商检报告。

《玻璃幕墙工程技术规范》(JGJ 102)施工要求:结构胶施工时对玻璃面板和铝框应将表面的尘埃、油渍和其他污物分别使用带溶剂的擦布和干擦布清除干净;清洁后一小时内注胶;每清洁一个构件或一块玻璃应更换清洁的干擦布;结构胶打注时应饱满、密实、连续、均匀、无气泡,并应在温度 15~30 ℃、相对湿度 50%以上的洁净室内进行;构件打注结构胶后,应在温度 20 ℃左右、湿度 50%以上的干净室内养护 7~14 d,待结构胶固化后才能进行下道工序。

鉴于结构胶的施工工艺要求,施工现场粉尘的污染较严重,先安装玻璃后施打结构胶的施工工艺无法保证结构胶施工质量,因此强制性标准规定:除全玻幕墙外,不应在现场打注硅酮结构密封胶。

第六部分
保温及墙体材料

第 56 条　玻化微珠无机保温板(采用水玻璃为凝胶材料生产)

技术名称	禁止	限制	技术(性能)指标	限制、禁止使用范围	相关理由	替代技术(产品)	执行时间
玻化微珠无机保温板(采用水玻璃为凝胶材料生产)	√			严禁用于全市建设工程	易泛碱、空鼓、脱落	符合《玻化微珠无机保温板建筑保温系统应用技术标准》(DBJ 50/T-314)等要求的玻化微珠无机保温板	2019 年 11 月 6 日起执行

【释义】

一、什么是玻化微珠?什么是玻化微珠无机保温板?

(1)玻化微珠:由玻璃质火山熔岩矿砂经膨胀、玻化等工艺制成,表面玻化封闭、呈不规则球状,内部为多孔空腔结构的无机颗粒材料。

(2)玻化微珠无机保温板:采用玻化微珠轻集料、水泥基胶凝材料等原材料,经混合、搅拌、浇筑或压制成型、固化、养护等工艺生产的无机保温板。

二、为什么禁止使用玻化微珠无机保温板(采用水玻璃为凝胶材料生产)?

以水玻璃为胶凝材料的保温板碱含量高,其内部的钠离子多以游离形式存在,因而在低温、干湿循环等条件下,游离钠离子会迁移到材料表面并结晶,形成泛碱现象。外墙出现泛碱结晶现象,会导致玻化微珠无机保温板、粘结层及抗裂层材料强度损坏,空鼓、脱落,进而影响整个保温系统的长期安全使用。

第57条 保温材料(含石棉无机纤维)

技术名称	禁止	限制	技术(性能)指标	限制、禁止使用范围	相关理由	替代技术(产品)	执行时间
保温材料(含石棉无机纤维)	√			严禁用于全市建设工程	危害人身健康	符合标准要求的其他保温材料	2019年11月6日起执行

【释义】

一、什么是保温材料?什么是石棉无机纤维?

(1)保温材料:能够减少热量散失,起到延缓温度降低的材料。

(2)石棉无机纤维:石棉纤维是指蛇纹岩及角闪石系的无机矿物纤维,其基本成分是水合硅酸镁($3MgO \cdot 3SiO_2 \cdot 2H_2O$)。石棉纤维的特点是耐热、不燃、耐水、耐酸、耐化学腐蚀。石棉有致癌性,在石棉粉尘严重的环境中有感染癌型间皮瘤和肺癌的可能性。

二、为什么禁止使用保温材料(含石棉无机纤维)?

石棉是国际医学界公认的有害物质,被国际癌症研究中心认定为一级致癌物,细小的石棉无机纤维在保温材料中释放以后可长时间浮游于空气中,易被吸入人体内,可多年积聚,附着并沉积在肺部,造成石棉肺、肺癌等肺部疾病,对人体健康造成危害。

第58条 填充材料(膨胀珍珠岩、蛭石等)

技术名称	禁止	限制	技术(性能)指标	限制、禁止使用范围	相关理由	替代技术(产品)	执行时间
填充材料(膨胀珍珠岩,蛭石等)		√	体积吸水率>20%	不得用于建筑工程找坡、回填	吸水率高,易渗漏	符合标准要求的体积吸水率≤20%的填充材料	2019年11月6日起执行

【释义】

一、什么是填充材料?什么是膨胀珍珠岩?什么是蛭石?

(1)填充材料:建筑填充材料是加在建筑工程的找坡、回填等分项工程中作为改变其性能、填充高度、降低其成本等作用的固体物料,主要为无机填料,一般情况下包括陶粒、泡沫混凝土、炉渣、土等。

(2)膨胀珍珠岩:由天然酸性火山灰质玻璃岩经焙烧膨胀而制成的轻质颗粒状多孔绝热材料。

(3)蛭石:一种天然、无机、无毒、在高温作用下会膨胀的矿物。它是一种比较少见的矿物,属于硅酸盐,其晶体结构为单斜晶系。

二、为什么限制使用体积吸水率>20%的填充材料(膨胀珍珠岩,蛭石等)?

一般膨胀珍珠岩、蛭石等填充材料的吸水率高,较高的吸水率导致填充材料的体积收缩变形大,进而与基层的粘结强度降低,易出现空鼓、开裂等现象,易造成渗漏。用于找坡和回填的工程材料经常与水接触,当体积吸水率高于20%时会发生比较大的渗漏风险。

三、什么是气泡混合轻质土?气泡混合轻质土的技术性能如何?

1.气泡混合轻质土的定义

气泡混合轻质土是将制备的气泡群按一定比例加入由水泥、水及可选添加材料制成的浆料中,经混合搅拌、现浇成型的一种微孔类轻质材料。

2.气泡混合轻质土的性能特点

(1)轻质性:干体积密度为300~1 600 kg/m^3,相当于普通水泥混凝土的1/8~1/5,可减轻建筑物整体荷载。

(2)整体性:可现场浇注施工,与主体结合紧密,不需留界隔缝和透气管。

(3)低弹减震性:气泡混合轻质土的多孔性使其具有低的弹性模量,从而使其对冲击载荷具有良好的吸收和分散作用。

(4)抗压性:抗压强度为0.6~25.0 MPa。

(5)耐水性:现浇气泡混合轻质土吸水性较小,相对独立的封闭气泡及良好的整体性,使其具有一定的防水性能。

(6)耐久性:与主体工程寿命相同。

(7)施工速度快:只需使用简单的机器可实现自动化作业,可实现800 m的远距离输送,工作量为150~300 m^3/工作日。

(8)环保性:气泡混合轻质土所需原料为水泥和起泡剂,起泡剂为中性,不含苯、甲醛等有害物质,避免了环境污染和消防隐患。

(9)经济性:综合造价低。

3.气泡混合轻质土的指标要求

(1)抗压强度:气泡混合轻质土的强度等级按抗压强度标准值划分,表干试件抗压强度的每组代表值应不小于标准值,且每组最小值不应小于0.85倍标准值,饱水抗压强度代表值不应小于表47的要求。

表47　气泡混合轻质土抗压强度性能要求

强度等级	抗压强度标准值 q_k/MPa	抗压强度 q_a/MPa		饱水抗压强度代表值
		每组代表值	每组最小值	
CF0.3	0.30	0.30	0.26	0.27
CF0.4	0.40	0.40	0.34	0.36
CF0.5	0.50	0.50	0.43	0.45

续表

强度等级	抗压强度标准值 q_k/MPa	抗压强度 q_a/MPa		饱水抗压强度代表值
		每组代表值	每组最小值	
CF0.6	0.60	0.60	0.51	0.54
CF0.7	0.70	0.70	0.60	0.63
CF0.8	0.80	0.80	0.68	0.72
CF0.9	0.90	0.90	0.77	0.81
CF1.0	1.00	1.00	0.85	0.90
CF1.2	1.20	1.20	1.02	1.08
CF1.5	1.50	1.50	1.28	1.35
CF2.5	2.50	2.50	2.13	2.25
CF3.0	3.00	3.00	2.55	2.70
CF5.0	5.00	5.00	4.25	4.50
CF7.5	7.50	7.50	6.38	6.75
CF10.0	10.00	10.00	8.50	9.00

（2）体积吸水率：气泡混合轻质土的体积吸水率可划分为7个等级。

表48　气泡混合轻质土的体积吸水率性能要求

%

等级	WV5	WV10	WV15	WV20	WV25	WV30	WV35
体积吸水率 ω	$\omega \leqslant 5$	$5<\omega \leqslant 10$	$10<\omega \leqslant 15$	$15<\omega \leqslant 20$	$20<\omega \leqslant 25$	$25<\omega \leqslant 30$	$30<\omega \leqslant 35$

（3）流动度：新拌气泡混合轻质土的流动度宜控制在160~200 mm。

第59条　膨胀珍珠岩、膨胀蛭石、海泡石、煤渣、玻化微珠、胶粉聚苯颗粒类保温浆料

技术名称	禁止	限制	技术（性能）指标	限制、禁止使用范围	相关理由	替代技术（产品）	执行时间
膨胀珍珠岩、膨胀蛭石、海泡石、煤渣、玻化微珠、胶粉聚苯颗粒类保温浆料		√		不得用于全市建筑节能工程	易空鼓开裂，质量难以保证	符合标准要求的其他保温材料	2019年11月6日起执行

【释义】

一、什么是保温浆料？什么是膨胀珍珠岩、膨胀蛭石、海泡石、煤渣、玻化微珠、胶粉聚苯颗粒？

(1)保温浆料:是指由胶粉料与聚苯颗粒或其他保温轻骨料组配,使用时按比例加水搅拌混合而成的浆料,它是一种用于构筑建筑表面保温层的建筑材料。

(2)膨胀珍珠岩:由天然酸性火山灰质玻璃岩经焙烧膨胀而制成的轻质颗粒状多孔绝热材料。

(3)膨胀蛭石:生蛭石片经过高温焙烧后,其体积能迅速膨胀数倍至数十倍,体积膨胀后的蛭石就称为膨胀蛭石。

(4)海泡石:是一种纤维状的含水硅酸镁,通常呈白、浅灰、浅黄等颜色,不透明也没有光泽。

(5)煤渣:是工业固体废物的一种,其中火力发电厂、工业和民用锅炉及其他设备燃煤排出的废渣又称炉渣。其主要成分是二氧化硅、氧化铝、氧化铁、氧化钙、氧化镁等。

(6)玻化微珠:由玻璃质火山熔岩矿砂经膨胀、玻化等工艺制成,表面玻化封闭,呈不规则球状,内部为多孔空腔结构的无机颗粒材料。

(7)胶粉聚苯颗粒:是由胶粉料、聚苯颗粒轻料和水泥混拌组成的颗粒。

二、为什么限制使用膨胀珍珠岩、膨胀蛭石、海泡石、煤渣、玻化微珠、胶粉聚苯颗粒类保温浆料？

膨胀珍珠岩、膨胀蛭石、海泡石、煤渣、玻化微珠类保温浆料的主要特点是以亲水多孔轻集料为保温功能组分,吸水率高、干缩变形大、抗裂性差,热工性能差,保温性一般,需现场湿作业,易引起饰面涂层发黄、起泡、脱落,且不满足建筑节能的要求。同时,胶粉聚苯颗粒本身是憎水性轻质材料,制备保温浆料过程中混合不均匀易造成保温浆料质量不稳定,无法满足保温的要求。在我市《关于进一步加强建筑保温隔热材料应用管理的通知》(渝建发〔2013〕44号)中,明确提出由于这类保温浆料在应用过程中反映出产品质量不稳定、施工质量难控制、易空鼓开裂等不足,故而要鼓励优先采用墙体自保温技术体系,限制保温浆料的使用。

第60条　绝热用模塑聚苯乙烯泡沫塑料(EPS)

技术名称	禁止	限制	技术(性能)指标	限制、禁止使用范围	相关理由	替代技术(产品)	执行时间
绝热用模塑聚苯乙烯泡沫塑料(EPS)		√	有以下情况之一时: 1.表观密度<18 kg/m³; 2.燃烧性能级别低于B_1级	不得用于全市建筑节能工程	存在安全隐患,易引发火灾	符合标准要求的其他保温材料	2019年11月6日起执行

【释义】

一、什么是绝热用模塑聚苯乙烯泡沫塑料(EPS)?

绝热用模塑聚苯乙烯泡沫塑料(EPS):由可发性聚苯乙烯珠粒经加热预发泡后,在模具中加热成型制成的、具有闭孔结构的、使用温度不超过75 ℃的聚苯乙烯塑料。

二、为什么限制使用表观密度<18 kg/m³ 或燃烧性能级别低于 B_1 级的绝热用模塑聚苯乙烯泡沫塑料(EPS)?

模塑聚苯乙烯泡沫塑料属于易燃材料,燃烧后会产生有毒气体。且其导热系数与表观密度相关,即表观密度越大,导热系数越大,当表观密度<18 kg/m³ 时,EPS板的压缩强度低,尺寸稳定性能差,不符合《膨胀聚苯板薄抹灰外墙外保温系统》(JG 149)和《外墙外保温工程技术规程》(JGJ 144)的要求。

《建筑材料及制品燃烧性能分级》(GB 8624)中将建筑材料的燃烧性能分为四个等级(A级、B_1 级、B_2 级、B_3 级),其中A级为不燃材料(制品),B_1 级为难燃材料(制品),B_2 级为可燃材料(制品),B_3 级为易燃材料(制品)。当EPS板燃烧性能级别低于 B_1 级时,模塑聚苯乙烯泡沫保温板遇明火容易燃烧,易引发火灾,燃烧产生的烟雾有毒性,会对人的生命安全造成极大隐患。

第61条　绝热用挤塑聚苯乙烯泡沫塑料(XPS)

技术名称	禁止	限制	技术(性能)指标	限制、禁止使用范围	相关理由	替代技术(产品)	执行时间
绝热用挤塑聚苯乙烯泡沫塑料(XPS)		√	燃烧性能级别低于 B_1 级	不得用于全市建筑节能工程	存在安全隐患,易引发火灾	符合标准要求的其他保温材料	2019年11月6日起执行

【释义】

一、什么是绝热用挤塑聚苯乙烯泡沫塑料(XPS)?

挤塑聚苯乙烯泡沫塑料:以聚苯乙烯树脂或其共聚物为主要成分,添加少量添加剂,通过加热挤塑成型而制得的具有闭孔结构的硬质泡沫塑料。

二、为什么限制使用燃烧性能级别低于 B_1 级的绝热用挤塑聚苯乙烯泡沫塑料(XPS)?

材料燃烧性能 B_1 级(难燃)的特点是:在空气中遇明火时或在高温作用下难起火,不易很快发生蔓延,且当火源移开后燃烧会立即停止。若绝热用挤塑聚苯乙烯泡沫塑料燃烧性未能达到 B_1 级,容易引发火灾,存在安全隐患。

第 62 条 外墙保温系统胶粘剂、抹面胶浆(现场配制)

技术名称	禁止	限制	技术(性能)指标	限制、禁止使用范围	相关理由	替代技术(产品)	执行时间
外墙保温系统胶粘剂、抹面胶浆(现场配制)	√			严禁用于全市建设工程	质量难以保证,易污染环境	符合标准要求的干混胶粘剂、干混抹面胶浆	2019 年 11 月 6 日起执行

【释义】

一、什么是外墙保温系统、胶粘剂和抹面胶浆(现场配制)?

(1)外墙保温系统:是由保温层、保护层和固定材料(胶粘剂、锚固件等)构成并且适用于安装在外墙外表面的非承重保温构造的总称。

(2)胶粘剂:能将同种或两种及两种以上同质或异质的制件(或材料)连接在一起,固化后具有足够强度的有机或无机的、天然或合成的一类物质,统称为胶粘剂。

(3)抹面胶浆:是由高分子聚合物、水泥、砂和填料为主要材料制成,具有一定变形能力和良好粘接性能的聚合物水泥砂浆抹面材料。

二、为什么禁止使用外墙保温系统胶粘剂、抹面胶浆(现场配制)?

现场配制的外墙保温系统胶粘剂和抹面胶浆因人工现场配制搅拌会造成计量不准确、搅拌不均匀、质量波动大等问题,易使得外墙保温系统因质量问题而粘接不牢,造成脱落伤人的安全隐患;同时还存在工效低、文明施工程度差和扬尘、噪声污染环境等问题,不利于节约资源和保护环境,无法保证外墙保温工程质量。

第 63 条 聚丙烯酰胺类建筑胶粘剂

技术名称	禁止	限制	技术(性能)指标	限制、禁止使用范围	相关理由	替代技术(产品)	执行时间
聚丙烯酰胺类建筑胶粘剂	√			严禁用于全市建设工程	不耐水,粘结性能差	水溶性聚乙烯醇建筑胶粘剂等	2019 年 11 月 6 日起执行

【释义】

一、什么是聚丙烯酰胺类建筑胶粘剂?

(1)建筑胶粘剂:能将同种或两种及两种以上同质或异质的制件(或材料)连接在一起,固化后具有足够强度的有机或无机的、天然或合成的一类物质,统称为胶粘剂。而建筑胶粘剂是指在建筑装饰装修过程中,主要用于板材粘结,墙面预处理,壁纸粘贴,陶瓷墙地砖、各种地板、地毯铺设粘结等方面,增加防水性、密封性、弹性、抗冲击性等一系列性能的材料。

(2)聚丙烯酰胺:聚丙烯酰胺(PAM)是丙烯酰胺均聚物或与其他单体共聚而得聚合物的统称。聚丙烯酰胺结构单元中含有酰胺基,易形成氢键,所以具有良好的水溶性和很高的化学活性,易通过接枝或交联得到支链或网状结构的多种改性物。

二、为什么禁止使用聚丙烯酰胺类建筑胶粘剂?

重庆属于亚热带季风性湿润气候,相对湿度较大,夏季温度较高,而聚丙烯酰胺是水溶性高分子,所以以聚丙烯酰胺为主要成分的建筑胶粘剂耐水性较差,进而导致其粘结能力弱。此外,聚丙烯酰胺类建筑胶粘剂的耐温性能较差,温度升高也会导致其粘结能力减弱,使得胶粘剂的粘结性能变差。而粘结性差易导致粘结制件(或材料)滑落,易造成安全隐患。

第 64 条　烧结实心砖

技术名称	禁止	限制	技术(性能)指标	限制、禁止使用范围	相关理由	替代技术(产品)	执行时间
烧结实心砖	√			严禁用于全市建设工程(文物、古建除外)	资源、能源利用率低	符合产业政策和标准要求的墙体材料	2019 年 11 月 6 日起执行

【释义】

一、什么是烧结实心砖?

烧结实心砖:以黏土、页岩、煤矸石或粉煤灰为主要原材料,经焙烧制成的外形尺寸符合规定的无孔洞或孔洞率小于 25%的砖,在建筑中常用于承重墙体或承重结构部位。

二、为什么禁止使用烧结实心砖?

《新型墙体材料专项基金征收使用管理办法》(财综〔2007〕77 号)规定,烧结页岩实心砖不属于新型墙体材料,不符合产业发展方向和实施建筑节能的要求。

(1)资源与能源利用效率低:生产烧结实心砖需要耗费大量的能源,生产每万块标准实心砖平均消耗 1.37 t 标煤,煤燃烧过程中会排放大量的 CO_2 和 SO_2。CO_2 导致温室效应,SO_2 在大气中形成酸雨,这些都对城市空气质量极为不利。

（2）占地多，严重破坏生态环境：实心砖的生产需要消耗大量黏土和页岩，破坏耕地，导致本不富裕的耕地资源更为紧张。

（3）烧结实心砖虽然强度高，但其保温隔热性能差，难以满足现行建筑节能的要求。

但对于某些文物建筑和古建筑，由于修复的特殊要求，可少部分使用烧结实心砖。

三、有哪些产品可以替代？

（1）当用作主砖时，可用混凝土多孔砖（20 孔及以上，孔交错排列，孔洞率≥25%）、普通混凝土小型空心砌块（双排孔及以上，抗压强度不低于 7.5 MPa）等符合产品标准和应用技术规程的新型承重墙体材料代替。当用作配砖时，应采用非烧结制品砖代替烧结实心砖。使用时要求对外壁厚不小于 25 mm，主要是考虑到用于有锚固要求的外墙外保温系统工程。当墙体采用加气混凝土砌块时，应采用蒸压加气混凝土配砖，当采用混凝土小型空心砌块时，应采用混凝土配砖。

（2）对厨房、卫生间、管道井及承受吊挂荷载要求的部位，可采用混凝土实心砖替代。混凝土实心砖是指以水泥、骨料以及根据需要掺入的掺合料、外加剂等，经加水搅拌、成型、养护制成的实心砖。混凝土实心砖可按密度分为 A 级（≥2 100 kg/m^3）、B 级（1 681~2 099 kg/m^3）和 C 级（≤1 680 kg/m^3）三个等级。

第 65 条　烧结空心砖，烧结空心砌块

技术名称	禁止	限制	技术（性能）指标	限制、禁止使用范围	相关理由	替代技术（产品）	执行时间
烧结空心砖，烧结空心砌块		√	当出现以下情况之一时： 1.导热系数>0.54 W/(m·K)； 2.孔洞数≤12 孔； 3.宽度方向孔洞排数<5 排	不得用于全市房屋建筑工程	热工性能差	符合标准要求的新型墙体材料	2019 年 11 月 6 日起执行

【释义】

一、什么是烧结空心砖？什么是烧结空心砌块？

（1）烧结空心砖：以黏土、页岩、煤矸石、粉煤灰为主要原料，经成型、干燥和焙烧而成，孔洞率等于或大于 40%，主要用于建筑物非承重部位的空心砖。

（2）烧结空心砌块：以黏土、页岩、煤矸石、粉煤灰为主要原料，经焙烧而成主要用于建筑物非承重部位，空心率等于或大于 25%的砌块。

二、为什么限制使用导热系数>0.54 W/(m·K)、孔洞数≤12孔或宽度方向孔洞排数<5排的烧结空心砖、烧结空心砌块？

空心砖与空心砌块的热工性能与自身的孔洞率、孔的形态及孔洞的排列方式有关。一般情况下，孔洞率增加，砖的保温性能提高。同时，砖的保温性能还与其在宽、高方向（即传热方向）上孔洞的排列数目、排列方式及空洞的形态有关。在相同的孔洞率条件下，错排孔砖的热导率要小于齐排孔砖；沿热流垂直方向砖的排孔数目越多，热导率越小。

当空心砖与空心砌块出现导热系数>0.54 W/(m·K)，孔洞数≤12孔，宽度方向孔洞排数<5排三种情况中的任一种时，会导致其热工性能差，造成建筑能耗偏高。

三、替代技术有哪些？

（1）节能型烧结页岩空心砌块宽度方向孔洞排数≥9排，孔洞数≥40孔，导热系数≤0.25 W/(m·K)，密度等级≥800 kg/m^3，工程设计执行《JN节能型烧结页岩空心砌块自保温墙体建筑构造图集》(DJBT-040)，工程应用执行《非承重节能型烧结页岩空心砌块墙体工程技术规程》(DBJ 50-127)标准。

（2）蒸压加气混凝土砌块是以水泥、石灰、砂、粉煤灰为主要原料，计量配料，经磨细并加入发泡剂、稳泡剂、引气剂等外加剂，搅拌，浇注，发气膨胀，静停，脱模，切割，蒸压养护，堆码养护，成品加工和包装等工序制成的多微孔混凝土制品。它具有质轻、保温、隔热、吸声、防火、可锯、可刨、易加工等特点。其体积密度等级分为B03~B08六个级别（其中B05~B07三个级别适用于自承重填充外墙和分户墙）。优等品干密度分别为≤300 kg/m^3~≤800 kg/m^3，合格品干密度分别为≤325 kg/m^3~≤825 kg/m^3。其强度等级分为A1.0~A10.0七个级别，对应的立方体抗压强度分别为1.0~10.0 MPa，导热系数（干态）分别为0.10~0.20 W/(m·K)。工程应用按《蒸压加气混凝土建筑应用技术规程》(JGJ/T 17)和《蒸压加气混凝土砌块应用技术规程》(DBJ 50-055)规定执行。

适用范围：主要以B05、B06、B07等密度等级用于现浇混凝土框架结构、框剪结构建筑的填充外墙、分户内墙隔断等自承重墙体，也可用于圈梁小柱砖混构造多层建筑的外墙或保温隔热复合墙体，也可用于建筑屋面的保温和隔热。

蒸压加气混凝土砌块主要技术指标包括：尺寸允许偏差和外观质量、强度级别、干体积密度、干燥收缩值、抗冻性、导热系数（干态）和放射性。产品执行《蒸压加气混凝土砌块》(GB/T 11968)，工程应用执行《蒸压加气混凝土建筑应用技术规程》(JGJ/T 17)和《蒸压加气混凝土砌块应用技术规程》(DBJ 50/T-055)，设计执行《蒸压加气混凝土砌块自保温墙体建筑构造图集》(DJBT-039)。

（3）轻集料混凝土小型空心砌块是以水泥、轻集料、水为主要原材料，必要时加入普通砂、掺合料和外加剂，按一定比例（质量比）计量配料、搅拌、成型、养护而成的一种轻质墙体材料。轻集料混凝土小型空心砌块通常具有质轻、高强、热工性能好、抗震性能好、利废等特点，被广泛应用于建筑结构的内外墙及有热工性能较低要求的围护墙体结构。轻集料混凝土小型空心砌块的技术指标包括规格尺寸、外观质量、密度等级、强度等级、吸水率、相对含水率、碳化系数、干缩率、抗冻性、软化系数和放射性等。产品执行《轻集料混凝土小型空心砌块》(GB/T 15229)，工程应用执行《砌体结构工程施工质量验收规范》(GB 50203)。

（4）无机复合烧结页岩空心砖是以烧结页岩空心砖为填充载体，泡沫混凝土保温浆料为填充料，在烧结页岩空心砖的宽度方向左侧第一排填充孔中填充泡沫混凝土保温浆料复合而

成的复合页岩空心砖,适用于自承重墙体自保温体系、外填墙或分户墙部位的砖。其主要技术性能指标如下:

①无机复合烧结页岩空心砖的外形为直角六面体(图20)。其长度、宽度、高度尺寸应符合下列要求(单位为mm):190、200(220)、115(90、53);无机复合烧结页岩空心砖填充孔宽度应不小于40 mm。其他规格尺寸由供需双方协商确定。

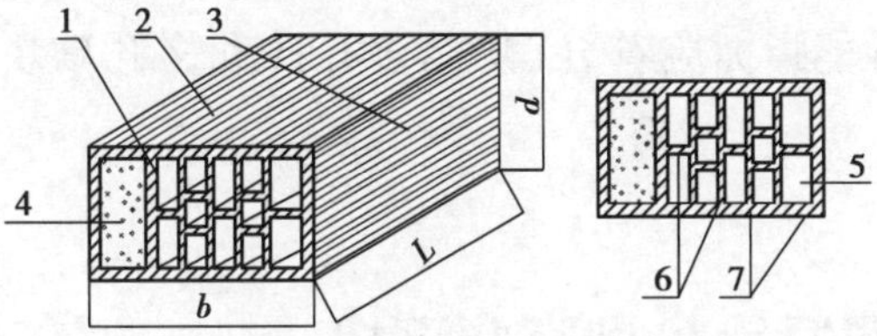

图20　无机复合烧结页岩空心砖示意图

1—顶面;2—大面;3—条面;4—填充孔(灌注泡沫混凝土);
5—孔洞(空气介质);6—肋;7—壁;L—长度;b—宽度;d—高度

②外观质量。无机复合烧结页岩空心砖的外观质量应符合《烧结空心砖和空心砌块》(GB/T 13545)的规定。

③无机复合烧结页岩空心砖的孔洞排列及其结构应符合表49的规定。

表49　无机复合烧结页岩空心砖的孔洞排列及其结构

孔洞排列	孔洞排数/排		孔洞率/%
	宽度方向	高度方向	
矩形孔有序交错排列	≥6(含填充孔)	≥2(不含填充孔)	≥45

④无机复合烧结页岩空心砖的主要物理力学性能指标应符合表50的要求,其他性能指标应符合《烧结空心砖和空心砌块》(GB/T 13545)的规定。

表50　无机复合烧结页岩空心砖的主要物理力学性能指标

产品名称	砖型	密度等级/(kg·m^{-3})	强度等级
无机复合烧结页岩空心砖	B型(薄壁型)	800、900	MU5.0、MU3.5(用于分户墙)
	H型(厚壁型)	900	MU5.0

⑤无机复合烧结页岩空心砖的主要热工性能指标应符合表51的规定。

表51　无机复合烧结页岩保温砖的主要热工性能指标

产品名称	导热系数/[W/(m·K)$^{-1}$]	砌体蓄热系数(周期24 h)/[W/(m^2·K)$^{-1}$]
无机复合页岩空心砖	≤0.26	≤3.90(800级)≤4.15(900级)

注:导热系数和蓄热系数是指用普通水泥砂浆砌筑、双面抹灰各20 mm的砌体在平衡含水率状态下的砌体传热系数计算的砌体导热系数和砌体蓄热系数。

⑥除以上指标外，无机复合烧结页岩空心砖的其他性能指标应满足《无机复合烧结页岩空心砖应用技术规程》(DBJ 50/T-143)的规定。设计按《无机复合烧结页岩空心砖自保温墙体建筑构造图集》(DJBT—077)。

⑦烧结页岩多孔配砖的规格尺寸应与主规格空心砖有良好的匹配性，模数应符合砌体砌筑的要求。配砖的表观密度应不大于1 200 kg/m^3，孔洞率≥28%，砌体导热系数≤0.58 W/(m·K)，其他性能指标应符合《烧结多孔砖和多孔砌块》(GB/T 13544)标准的规定。

第66条　单排孔混凝土小型空心砌块

技术名称	禁止	限制	技术（性能）指标	限制、禁止使用范围	相关理由	替代技术（产品）	执行时间
单排孔混凝土小型空心砌块		√		不得用于全市房屋建筑工程	热工性能差	符合标准要求的新型墙体材料	2019年11月6日起执行

【释义】

一、什么是单排孔混凝土小型空心砌块？

(1)混凝土小型空心砌块：是由普通混凝土冲压成型制成的，主规格尺寸为390 mm×190 mm×190 mm、空心率不小于25%的空心砌块，简称混凝土砌块，一般用于建筑物承重部位。

(2)单排孔：混凝土小型空心砌块按空洞的排列方式，可分为单排孔砌块、双排孔砌块、多排孔砌块。

二、为什么限制使用单排孔混凝土小型空心砌块？

单排孔混凝土空心砌块的热工性能差，如190 mm混凝土空心砌块墙体热阻值为0.359(m^2·K)/W，低于240 mm砖墙的热阻值为0.491(m^2·K)/W。同时，在室内二次装饰装修过程中，暗埋管线时很容易损坏砌块壁，使砌体的整体强度严重下降，当灾害来临时容易出现倒塌情况，危及人身安全。

第 67 条　玻纤增强水泥(GRC)空心条板(采用非耐碱玻纤或非低碱水泥生产)

技术名称	禁止	限制	技术(性能)指标	限制、禁止使用范围	相关理由	替代技术(产品)	执行时间
玻纤增强水泥(GRC)空心条板(采用非耐碱玻纤或非低碱水泥生产)	√			严禁用于全市建设工程	耐久性差,质量难以保证	符合《建筑隔墙用轻质条板通用技术要求》(JG/T 169)等标准要求的轻质条板	2019 年 11 月 6 日起执行

【释义】

一、什么是玻纤增强水泥(GRC)空心条板(采用非耐碱玻纤或非低碱水泥生产)?

玻纤增强水泥(GRC)空心条板(采用非耐碱玻纤或非低碱水泥生产):以非耐碱玻纤或非低碱水泥作为原材料之一配制的玻纤增强水泥,通过一定的工艺过程制成的具有若干孔洞的条形板材。其中:耐碱玻纤是由耐碱玻璃制成的纤维,对氢氧化钙饱和溶液、硅酸盐水泥水化生成的液相有较高的耐蚀能力,可用作水泥的增强材料,而中碱、高碱玻璃纤维和无碱玻璃纤维均属非耐碱玻璃纤维。低碱水泥是指碱金属氧化物(氧化钾和氧化钠)含量低的水泥,低碱水泥总碱含量(当量氧化钠 $Na_2O+0.658K_2O$)低于 0.6%。玻纤增强水泥(GRC)是玻璃纤维增强水泥英文名称“Glassfiber Reinforced Cement”的词头缩写,它是以水泥为胶凝材料,以玻璃纤维为增强材料,掺加细集料和外加剂,经过不同生产工艺而混合均匀形成的一种无机复合材料。

二、为什么禁止使用玻纤增强水泥(GRC)空心条板(采用非耐碱玻纤或非低碱水泥生产)?

在 20 世纪 50 年代,研究开发 GRC 的国家都采用中碱玻璃纤维(A 玻纤)和无碱玻璃纤维(E 玻纤)作为增强材料,胶凝材料为通用硅酸盐水泥。研究发现,硅酸盐水泥水化过程中生成的 $Ca(OH)_2$ 对玻璃纤维有强烈的腐蚀作用,会破坏玻璃纤维的硅氧骨架,使玻璃纤维很快丧失其强度,从而造成 GRC 材料的耐久性很差。

三、耐碱玻璃纤维增强水泥(GRC)空心板的性能指标要求如何?

GRC 轻质多孔条板性能指标可依据《玻璃纤维增强水泥轻质多孔隔墙条板》(GB/T 19631)标准的性能,指标见表 52。

表52　GRC轻质多孔隔墙条板性能指标要求

项目		一等品	合格品
含水率/%	采暖地区≤	10	
	非采暖地区≤	15	
气干面密度/(kg·m^{-2})	90型≤	75	
	120型≤	95	
抗折破坏荷载/N	90型≥	2 200	2 000
	120型≥	3 000	2 800
干燥收缩值/(mm·m^{-1})≤		0.6	
抗冲击性(30 kg,0.5 m落差)		冲击5次,板面无裂缝	
吊挂力/N≥		1 000	
空气声计权隔声量/dB	90型≥	35	
	120型≥	40	
抗折破坏荷载保留率(耐久性)/%≥		80	70
放射性比活度	I_{R1}≤	1.0	
	I_{7}≤	1.0	
耐火极限/h≥		1	
燃烧性能		不燃	

四、什么是蒸压加气混凝土板(ALC板)？应用技术要求有哪些？

蒸压加气混凝土板(ALC板)：是以硅砂、水泥、生石灰、石膏为原料，以铝粉为发泡剂，经过一系列工艺过程(配料、配筋、发泡、切割)，最后经高温、高压蒸汽养护获得的多孔硅酸盐制品。ALC板是一种性能优异的新型建材，具有轻质高强、保温隔声性好、耐火能力持久、施工简便、绿色环保等优点。

1.ALC板的性能特点

(1)隔音性。该材料是一种由大量均匀的、互不连通的微小气孔组成的多孔材料，具有很好的隔音性能。100 mm厚的ALC板平均隔音量为40.8 dB，150 mm厚ALC板的平均隔音量为45.8 dB。

(2)耐火性。ALC板材是一种不燃的无机材料，具有很好的耐火性能。耐火极限：100 mm厚板为3.23 h，150 mm厚板>4 h，50 mm厚板保护钢梁耐火极限>3 h，50 mm厚板保护钢柱耐火极限>4 h，都超过了一级耐火标准。

(3)抗震性/抗风性。使用ALC板可以保证建筑物维护结构在大风或地震力作用下不会发生大的损坏，具有较强的抗震性能。在1∶1的模拟地震试验中，经过烈度为10.5度(1.2g)地震试验后，测试建筑模型的全部板材无一断裂。

(4)抗渗性/施工性。抗渗性好，比标准砖抗渗性好近5倍；ALC板材生产工业化、标准化，安装产业化，可锯、切、刨、钻，施工干作业，速度快。

(5)环保性/配套性。无放射性，无有害气体逸出，是一种绿色环保材料。ALC 板具有完善的应用配套体系，配有专用连接件、勾缝剂、修补粉、界面剂等，可有效提高内外填充墙的施工进度和施工质量，符合当代绿色施工的要求。

2.ALC 板的应用技术要求

ALC 板按蒸压加气混凝土强度分为 A2.5、A3.5、A5.0 和 A7.5 四个强度级别，按干密度分为 B04、B05、B06 和 B07 四个干密度级别。蒸压加气混凝土板常用规格如表 53 所示。

表 53　常用规格

长度 L/mm	宽度 B/mm	厚度 D/mm
1 800~6 000(300 模数进位)	600	75、100、125、150、175、200、250、300
		120、180、240

注：其他非常用规格和单项工程的实际制作尺寸由供需双方协商确定。

ALC 板中蒸压加气混凝土基本性能，包括干密度、抗压强度、干燥收缩值、抗冻性、导热系数等，应符合表 54 的规定。

表 54　蒸压加气混凝土基本性能

强度级别		A2.5	A3.5	A5.0	A7.5
干密度级别		B04	B05	B06	B07
干密度/($kg \cdot m^{-3}$)		≤425	≤525	≤625	≤725
抗压强度/MPa	平均值	≥2.5	≥3.5	≥5.5	≥7.5
	单组最小值	≥2.0	≥2.8	≥4.0	≥6.0
干燥收缩值/($mm \cdot m^{-1}$)	标准法	≤0.50			
	快速法	≤0.80			
抗冻性	质量损失/%	≤5.0			
	冻后强度/MPa	≥2.0	≥2.8	≥4.0	≥6.0
导热系数(干态)/[$W \cdot (m \cdot K)^{-1}$]		≤0.12	≤0.14	≤0.16	≤0.18

ALC 板的其他性能应符合《蒸压加气混凝土板》(GB 15762)的要求。

第七部分 饰面材料

第 68 条　外墙面砖(陶瓷砖)现场粘贴工艺

<table>
<tr><th>技术名称</th><th>禁止</th><th>限制</th><th>技术(性能)指标</th><th>限制、禁止使用范围</th><th>相关理由</th><th>替代技术(产品)</th><th>执行时间</th></tr>
<tr><td rowspan="2">外墙面砖(陶瓷砖)现场粘贴工艺</td><td></td><td>√</td><td></td><td>1.不得用于膨胀聚苯板等薄抹灰外墙外保温系统;
2.不得用于 20 层及以上或 60 m 及以上的建筑外墙(底层或裙房外墙除外);
3.不得用于公共建筑裙楼外墙</td><td rowspan="2">现场粘贴质量难以保证,存在安全隐患</td><td rowspan="2">符合要求的陶瓷砖反打、干挂石材、外墙涂料、PVC 外墙板施工等工艺</td><td rowspan="2">2019 年 11月6日起执行</td></tr>
<tr><td>√</td><td></td><td>外墙面砖(陶瓷砖)出现以下情况之一:
1.单块面积>50 cm^2;
2.厚度>5 mm;
3.吸水率:干压砖>0.5%,挤压砖>3%;
4.单位面积质量>12 kg/m^2;
5.冻融循环≤10 次</td><td>严禁用于全市建设工程</td></tr>
</table>

【释义】

一、什么是外墙面砖(陶瓷砖)现场粘贴工艺?

(1)外墙面砖:镶嵌于建筑物外墙面上的片状陶瓷制品,采用品质均匀而耐火度较高的黏土或其他无机非金属原料经压制成型后焙烧而成。

(2)陶瓷砖:由黏土和其他非金属原料制造的用于覆盖墙面和地面的板状或块状建筑陶瓷制品。

(3)现场粘贴:由作业工人在施工现场将外墙面砖粘贴到外墙。

二、为什么禁止、限制使用外墙面砖(陶瓷砖)现场粘贴工艺?

(1)以下情况不得使用外墙面砖(陶瓷砖)现场粘贴工艺:

①不得用于膨胀聚苯板等薄抹灰外墙外保温系统;

②不得用于20层及以上或60 m及以上的建筑外墙(底层或裙房外墙除外);

③不得用于公共建筑的裙楼外墙。

其主要原因在于:当采用膨胀聚苯板薄抹灰外墙外保温系统时,由于膨胀聚苯板本身强度较低,而外墙面砖自重较大,现场粘贴容易出现掉落的风险。

外墙面砖(陶瓷砖)现场粘贴工艺易受温变应力、收缩应力以及湿胀、冻胀、水泥碳化、腐蚀膨胀等影响,造成饰面砖松动、破损、塌落等不安全因素和隐患。在20层及以上或60 m及以上的建筑外墙中使用外墙面砖,若出现外墙砖脱落,容易造成严重的人身安全事故。而对于底层或裙房外墙,由于其高度较低,因此可适当放宽要求。此外,外墙面砖表面年久沾污、龟裂、接缝积尘,若用于20层及以上或60 m及以上的建筑外墙中存在翻新困难等问题。

在公共建筑裙楼外墙,由于人流量大,一旦发生脱落,容易造成人身伤害。

(2)当外墙面砖(陶瓷砖)出现以下情况之一时,应严禁在全市建筑工程中使用。

①单块面积>50 cm^2;

②厚度>5 mm;

③吸水率:干压砖>0.5%,挤压砖>3%;

④单位面积质量>12 kg/m^2;

⑤冻融循环≤10次。

其主要原因在于:外墙面砖单块面积大、厚度大、质量大,一旦发生脱落,造成严重人员伤害的风险更大;当吸水率过大时,面砖与基层的粘结强度难以保证,发生脱落的风险大;当抗冻融能力差时,在使用过程中外墙面砖容易被损坏,损坏后的碎块发生脱落的风险大。

第69条 马赛克瓷质贴面材料

技术名称	禁止	限制	技术(性能)指标	限制、禁止使用范围	相关理由	替代技术(产品)	执行时间
马赛克瓷质贴面材料		√		不得用于全市建筑工程外墙	现场粘贴质量难以保证,存在安全隐患	符合标准要求的其他饰面材料	2019年11月6日起执行

【释义】

一、什么是马赛克瓷质贴面材料?

马赛克瓷质贴面材料:又名陶瓷锦砖,是用瓷土烧制而成的片状小瓷砖,常用于铺设门厅、厕所、走廊的地面,也可用于内墙及外墙饰面。它是一种规格尺寸小的饰面材料,按表面性质分为有釉砖、无釉砖;按砖联片分为单色、拼花两种。

二、为什么限制使用马赛克瓷质贴面材料?

马赛克瓷质贴面材料,通常多采用水泥砂浆粘结施工,此类外墙饰面系统易受温变应力、收缩应力以及湿胀、冻胀、水泥碳化、腐蚀膨胀等影响,从而造成饰面松动、破损、塌落等不安全因素和隐患。另外,饰面瓷砖的色彩、质感相对单调和贫乏,加之表面年久沾污、龟裂、接缝积尘等,外墙装饰效果普遍欠佳。

第70条　外墙涂料

技术名称	禁止	限制	技术（性能）指标	限制、禁止使用范围	相关理由	替代技术（产品）	执行时间
外墙涂料		√	技术指标低于优等品,或出现以下情况之一时: 1.耐人工老化性<600 h; 2.耐粘污性(5次,白色或浅色)>15%或五次循环试验后>1级; 3.耐酸性(2%的 H_2SO_3)48 h有异常	不得用于全市建筑工程外墙	易沾污,耐久性差	符合《外墙涂料涂饰工程施工及验收规程》(DBJ 50/T-046)等要求的涂料	2019年11月6日起执行

【释义】

一、什么是外墙涂料?

外墙涂料:用于建筑物外墙面或构筑物外表面装饰的建筑涂料。

二、为什么限制使用耐人工老化性<600 h、耐粘污性(5次,白色或浅色)>15%或五次循环试验后>1级、耐酸性(2%的 H_2SO_3)48 h有异常的外墙涂料?

重庆属于夏热冬冷地区,地形特征四面环山,一年四季气候变化大,有雾露,气候条件复杂,且由于汽车尾气、工业废气的排放量增加,空气中 SO_2 气体较多,酸雨较为严重,因此对于外墙涂料的耐候、耐沾污及耐酸性要特殊要求。外墙涂料技术指标低于优等品或有下列情况之一时:耐人工气候老化性<600 h、耐粘污性(5次,白色或浅色)>15%或五次循环试验后>1

级、耐酸性(2%的 H_2SO_3)48 h 有异常,不满足《建筑外墙涂料通用技术要求》(JG/T 512)和《外墙涂料涂饰工程施工及验收规程》(DBJ 50/T-046)中的规定,会显著降低其对建筑墙体的装饰效果。同时,耐久性差的外墙涂料在使用2~3年后就出现失光、褪色、剥落、起皮、粉化等现象,不仅严重影响外观装饰效果,还会失去对墙体的保护功能。

第71条 乙丙乳液系列涂料

技术名称	禁止	限制	技术(性能)指标	限制、禁止使用范围	相关理由	替代技术(产品)	执行时间
乙丙乳液系列涂料		√		不得用于全市建筑工程外墙	耐久性差	符合《外墙涂料涂饰工程施工及验收规程》(DBJ 50/T-046)等要求的涂料	2019年11月6日起执行

【释义】

一、什么是乙丙乳液系列涂料?

乙丙乳液系列涂料:是指由醋酸乙烯与一种或几种丙烯酸酯类单体、乳化剂、引发剂,通过乳液聚合反应制得的共聚乳液。将这种乳液作为主要成膜物质,掺入着色颜料、成膜助剂、防霉剂等,经分散、混合配制成的乳液型涂料,称为乙丙乳液涂料。

二、为什么限制使用乙丙乳液系列涂料?

乙丙乳液由于其自身组成及结构的局限,配制成的涂料耐水性、耐候性较其他共聚乳液差,故不宜用作建筑外墙涂饰材料。

三、什么是丙烯酸涂料?什么是合成树脂乳液外墙涂料?

(1)丙烯酸涂料:用在外墙,具有装饰和保护功能的水性丙烯酸底涂、中涂和面涂的涂料系统总称。外墙保温用丙烯酸涂料可广泛用于代替乙丙乳液系列涂料,在使用时,其性能应符合表55要求。

表55 丙烯酸涂料的要求

项目	指标	
	Ⅰ型	Ⅱ型
容器中状态	搅拌混合后无硬块,呈均匀状态	
施工性	施涂无困难	
干燥时间(表干,单位为h)	≤4	
低温稳定性	不变质	

续表

<table>
<tr><th colspan="3" rowspan="2">项目</th><th colspan="2">指标</th></tr>
<tr><th>Ⅰ型</th><th>Ⅱ型</th></tr>
<tr><td rowspan="10">复合涂层</td><td colspan="2">涂膜外观</td><td colspan="2">正常</td></tr>
<tr><td colspan="2">初期干燥抗裂性[a]</td><td colspan="2">无裂纹</td></tr>
<tr><td rowspan="2">柔韧性</td><td>热处理 5 h</td><td colspan="2">直径 50 mm 无裂纹</td></tr>
<tr><td>低温处理 2 h</td><td colspan="2">直径 100 mm 无裂纹</td></tr>
<tr><td colspan="2">涂层耐温变性</td><td>≥5 次循环,无异常</td><td>10 次循环,无异常</td></tr>
<tr><td colspan="2">耐碱性(48 h)</td><td colspan="2">无异常</td></tr>
<tr><td colspan="2">耐水性(96 h)</td><td colspan="2">无异常</td></tr>
<tr><td colspan="2">耐酸雨性[b](48 h)</td><td colspan="2">无异常</td></tr>
<tr><td colspan="2">耐雨刷性[c](次)</td><td colspan="2">≥5 000</td></tr>
<tr><td colspan="2">耐冲击性(500g,300 mm)[α]</td><td colspan="2">无异常</td></tr>
<tr><td rowspan="6">复合涂层</td><td colspan="2">水蒸气透过率/$[g\cdot(m^2\cdot h^{0.5})^{-1}]$</td><td colspan="2">≥50</td></tr>
<tr><td colspan="2">吸水性/$[g\cdot(m^2\cdot h^{0.5})^{-1}]$</td><td>≤100</td><td>≤75</td></tr>
<tr><td rowspan="2">耐粘污性</td><td>平涂层(白色和浅色[d])</td><td>≤15%</td><td>10%</td></tr>
<tr><td>凹凸状或粗糙表面</td><td>≤2 级</td><td>≤1 级</td></tr>
<tr><td rowspan="2">粘结强度[a]/MPa</td><td>标准状态</td><td colspan="2">≥0.60</td></tr>
<tr><td>冻融循环后</td><td colspan="2">≥0.25
涂膜外观未出现裂缝、粉化、空鼓、剥落现象</td></tr>
<tr><td rowspan="2">复合涂层</td><td colspan="2" rowspan="2">耐人工气候老化性</td><td>600 h 不起泡、不剥落、无裂纹</td><td>1 500 h 不起泡、不剥落、无裂纹</td></tr>
<tr><td colspan="2">白色和浅色[d] 粉化不应低于 1 级,变色不应低于 2 级;其他色商定</td></tr>
</table>

注:a.适用于厚型涂料;

b.当工程要求时检测;

c.适用于薄型涂料;

d.浅色是指以白色涂料为主要成分,添加适量色浆后配置成的浅色涂料形成的涂膜所呈现的浅颜色,按 GB/T 15608 中规定,明度值为 6~9(三刺激值中的 $Y_{D65}\geq 31.26$)。

(2)合成树脂乳液外墙涂料也可用于替代乙丙乳液系列涂料。合成树脂乳液外墙涂料是指以合成树脂乳液为基料,与颜料、体质颜料及各种助剂配制而成的,且施涂后能形成表面平整的薄质涂层的外墙涂料,包括底漆、中涂漆和面漆,其各项性能应分别满足表 56—表 58 的要求。

表 56　底漆技术要求

项目	指标	
	Ⅰ型	Ⅱ型
容器中状态	无硬块，搅拌后呈均匀状态	
施工性	刷涂无障碍	
低温稳定性	不变质	
涂膜外观	正常	
干燥时间(表干，单位为 h)	≤2	
耐碱性(48 h)	无异常	
耐水性(96 h)	无异常	
抗泛盐碱性	72 h 无异常	48 h 无异常
透水性/mL	≤0.3	≤0.5
与下道涂层的适应性	正常	

表 57　中涂漆技术要求

项目	指标
容器中状态	无硬块，搅拌后呈均匀状态
施工性	刷涂二道无障碍
低温稳定性	不变质
涂膜外观	正常
干燥时间(表干，单位为 h)	≤2
耐碱性[a](48 h)	无异常
耐水性[a](96 h)	无异常
涂层耐温变性[a](3 次循环)	无异常
耐洗刷性(1 000 次)	漆膜未损坏
附着力[a](级)	≤2
与下道涂层的适应性	正常

注：a.也可根据有关方商定测试与底漆配套后的性能。

表58 面漆技术要求

项目	指标		
	合格品	一等品	优等品
容器中状态	无硬块,搅拌混合后呈均匀状态		
施工性	刷涂二道无障碍		
低温稳定性	不变质		
涂膜外观	正常		
干燥时间(表干,单位为h)	≤2		
对比率(白色和浅色[a])	≥0.87	≥0.90	≥0.93
耐粘污性(白色和浅色[a],单位为%)	≤20	≤15	≤15
耐洗刷性(2 000次)	漆膜未损坏		
耐碱性[b](48 h)	无异常		
耐水性[b](96 h)	无异常		
涂层耐温变性[b](3次循环)	无异常		
透水性/mL	≤1.4	≤1.0	≤0.6
耐人工气候老化性[b]	250 h不起泡、不剥落、无裂纹	400 h不起泡、不剥落、无裂纹	600 h不起泡、不剥落、无裂纹
粉化/级	≤1	≤1	≤1
变色(白色和浅色[a])/级	≤2	≤2	≤2
变色(其他色)/级	商定	商定	商定

注:a.浅色是指以白色涂料为主要成分,添加适量色浆后配置成的浅色涂料形成的涂膜所呈现的浅颜色。按GB/T 15608中规定,明度值为6~9(三刺激值中的$Y_{D65}\geqslant 31.26$)。

b.也可根据有关方商定测试与底漆配套后或与底漆和中涂漆配套后的性能。

第72条　仿瓷内墙涂料(采用聚乙烯醇缩甲醛为基料掺入灰钙粉、太白粉、滑石粉等原料制成)

技术名称	禁止	限制	技术(性能)指标	限制、禁止使用范围	相关理由	替代技术(产品)	执行时间
仿瓷内墙涂料(采用聚乙烯醇缩甲醛为基料掺入灰钙粉、太白粉、滑石粉等原料制成)	√			严禁用于全市建设工程	耐水性能差,易污染环境	符合《合成树脂乳液内墙涂料》(GB/T 9756)要求的内墙涂料	2019年11月6日起执行

【释义】

一、什么是仿瓷内墙涂料?

仿瓷内墙涂料:又称瓷釉内墙涂料,是一种装饰效果类似瓷釉饰面的建筑内墙涂料。仿瓷涂料分为溶剂型树脂类(主要成膜物质是溶剂型树脂)和水溶性树脂类(主要成膜物质为水溶性聚乙烯醇)。

二、为什么禁止使用仿瓷内墙涂料?

甲醛对皮肤黏膜有很强的刺激性,少数人可能产生过敏反应,1996 年美国政府工业卫生学家会议(TCGIH)将其定为人类可疑致癌物。采用聚乙烯醇缩甲醛等原料制成的仿瓷内墙涂料中含有甲醛,而甲醛含量指标是涂料有害物质限量中的重要指标之一,也是健康型涂料的严格控制的指标之一,因此应保证涂料产品中不含有甲醛及聚合物成分。特别在健康型涂料中更应对甲醛作出严格限制,并规定产品中不得加入甲醛及甲醛的聚合物。

第 73 条　矿物纤维防火涂料，高含量苯类溶剂型防火涂料

技术名称	禁止	限制	技术(性能)指标	限制、禁止使用范围	相关理由	替代技术(产品)	执行时间
矿物纤维防火涂料,高含量苯类溶剂型防火涂料		√		不得用于房屋建筑室内钢结构工程	易污染环境,危害人身健康	符合标准要求的其他防火涂料	2019 年 11 月 6 日起执行

【释义】

一、什么是矿物纤维防火涂料?什么是高含量苯类溶剂型防火涂料?

(1)矿物纤维防火涂料:以混合物水泥为粘结剂,以矿物棉纤维为主要隔热填料的一种防火隔热涂料。一般用喷涂法施工,即纤维经分散后与粘结材料一起用高压空气泵输送至喷口处,然后与分布于喷口周围的高压雾化水混合喷射至待涂面。

(2)高含量苯类溶剂型防火涂料:以天然树脂、人工树脂和合成树脂为基料,以苯类溶剂为分散介质,再添加防火剂、颜填料、助剂等经研磨分散加工而成。

二、为什么限制使用矿物纤维防火涂料和高含量苯类溶剂型防火涂料?

矿物纤维防火涂料和高含量苯类溶剂型防火涂料中分别含有石棉和苯类物质:石棉是一种天然矿物纤维,并非有毒物质,其中所含的微细纤维(长度大于 3 μm,直径小于 1 μm),即

通常所称的石棉粉尘,被大量吸进入肺后会导致石棉肺或尘肺癌。而苯、甲苯、二甲苯则会使人引起神经衰弱及主神经功能紊乱,对骨髓的造血细胞引起损伤,使白细胞下降。苯的毒性最高,是甲苯、二甲苯的9倍。当空气中苯含量超过25×10^{-6}时,可以引起食欲不振、易倦、头昏、呕吐等症状;也可能导致血液变化,如血小板减少、白细胞异常增多以及红细胞减少甚至引起白血病。若生产车间空气中苯浓度超过$1\,000\times10^{-6}$,可引起急性中毒,超过2 000 ppm时在短时间内可出现强麻醉症状等。

第74条　酚醛、醇酸类油漆

技术名称	禁止	限制	技术（性能）指标	限制、禁止使用范围	相关理由	替代技术（产品）	执行时间
酚醛、醇酸类油漆		√		不得用于室外环境钢结构防腐处理工程	易污染环境,危害人身健康	符合《建筑用钢结构防腐涂料》（JG/T 224）要求的防腐涂料	2019年11月6日起执行

【释义】

一、什么是酚醛类油漆?什么是醇酸类油漆?

(1)酚醛类油漆:是以松香改性酚醛树脂和干性油为成膜物质的一类酚醛树脂漆。

(2)醇酸类油漆:是以多元醇、多元酸以及脂肪酸为主要原料制成的一种油漆,别名醇酸树脂漆或醇酸树脂涂料。

二、为什么限制使用酚醛、醇酸类油漆?

酚醛类油漆中含有甲醛,甲醛已被世界卫生组织认定为一类致癌物,短期接触会造成刺激、致敏,长期接触会致癌;醇酸类油漆中含有二甲苯、铅等有毒物质,不仅污染环境,还会危害人体健康。

三、防腐油漆有哪些类型?产品性能要求是什么?

防腐油漆一般用于恶劣的腐蚀环境,用以预防钢结构的氧化锈蚀或化学腐蚀,包括底漆、中间漆和面漆的配套涂料。简单地说,用防腐油漆就是为了延长钢结构的使用寿命。防腐漆种类繁多,按照成分一般可以分为环氧防腐漆、聚氨酯防腐漆、丙烯酸防腐漆和无机防腐漆。其性能指标应符合《建筑用钢结构防腐涂料》(JG/T 224)的规定及表59、表60的相关性能要求:

表 59 底漆及中间漆产品性能要求

序号	项目		技术指标		
			普通底漆	长效型底漆	中间漆
1	容器中状态		搅拌后无硬块,呈均匀状态		
2	施工性		涂刷二道无障碍		
3	干燥时间/h	表干	≤4		
		实干	≤24		
4	细度[a]/μm		≤70(片状颜料除外)		
5	耐水性		168 h 无异常		
6	附着力(划格法,单位为级)		≤1		
7	耐弯曲性/mm		≤2		
8	耐冲击性/cm		≥30		
9	涂层耐温变性(5 次循环)		无异常		
10	贮存稳定性	结皮性/级	≥8		
		沉降性/级	≥6		
11	耐盐雾性		200 h 不剥落、不出现红锈[b]	1 000 h 不剥落、不出现红锈[b]	—
12	面漆适应性		商定		

注:a.对多组分产品,细度是指主漆的细度。

b.红锈是指漆膜下面的钢铁表面局部或整体产生红色的氧化铁层的现象,它常伴随有漆膜的起泡、开裂、片落等病态。

表 60 面漆产品性能要求

序号	项目		技术指标	
			Ⅰ型面漆	Ⅱ型面漆
1	容器中状态		搅拌后无硬块,呈均匀状态	
2	施工性		涂刷二道无障碍	
3	漆膜外观		正常	
4	遮盖力(白色或浅色[a])/($g \cdot m^{-2}$)		≤150	
5	干燥时间/h	表干	≤4	
		实干	≤24	
6	细度[b]/μm		≤60(片状颜料除外)	
7	耐水性		168 h 无异常	
8	耐酸性[c]($5\%H_2SO_4$)		96 h 无异常	168 h 无异常
9	耐盐水性(3%NaCl)		120 h 无异常	240 h 无异常
10	耐盐雾性		500 h 不起泡、不脱落	1 000 h 不起泡、不脱落
11	附着力(划格法)/级		≤1	

续表

序号	项目		技术指标	
			I型面漆	II型面漆
12	耐弯曲性/mm		≤2	
13	耐冲击性/cm		≥30	
14	涂层耐温变性(5次循环)		无异常	
15	贮存稳定性	结皮性/级	≥8	
		沉降性/级	≥6	
16	耐人工老化性(白色或浅色[a,d])		500 h不起泡、不剥落、无裂纹粉化≤1级,变色≤2级	1 000 h不起泡、不剥落、无裂纹粉化≤1级,变色≤2级

注:a.浅色是指以白色涂料为主要成分,添加适量色浆后配制成的浅色涂料形成的涂膜所呈现的浅颜色,按GB/T 15608—2006中4.3.2规定明度值为6~9(三刺激值中的 $Y_{P65} \geqslant 31.26S$)。

b.对多组分产品,细度是指主漆的细度。

c.面漆中含有金属颜料时不测定耐酸性。

d.其他颜色的变色等级由双方商定。

第八部分

管材与防水材料

第 75 条　混凝土排水管，钢筋混凝土排水管，铸铁排水管（刚性接口）

技术名称	禁止	限制	技术（性能）指标	限制、禁止使用范围	相关理由	替代技术（产品）	执行时间
混凝土排水管，钢筋混凝土排水管，铸铁排水管（刚性接口）	√		直径≤800 mm	严禁用于全市建设工程	易渗漏，易污染环境	符合标准要求的化学管材等	2019 年 11 月 6 日起执行

【释义】

一、什么是混凝土排水管？什么是钢筋混凝土排水管，铸铁排水管（刚性接口）？

（1）（钢筋）混凝土排水管：采用（钢筋）混凝土为原材料制作而成，主要用于雨水、污水、引水等重力流管道的管材。

（2）铸铁排水管（刚性接口）：采用铸铁浇铸成型且采用刚性连接方式，用于建筑物室内、外排水和排污管道系统的管材。

二、为什么禁止使用混凝土排水管、钢筋混凝土排水管和铸铁排水管（刚性接口）？

（1）为什么禁止使用直径≤800 mm 的混凝土排水管和钢筋混凝土排水管（以下统称“混凝土排水管”）？混凝土排水管与化学排水管的优缺点有哪些？

①混凝土排水管刚度好、强度高，但由于承受荷载的机理不同，其抗折性能差，钢筋易锈蚀，排水管易破损。

②重庆是典型的山地城市，多数施工作业面属于高挖填方区域，易产生不均匀沉降，对管

沟和基础的要求高，基础处理难度大。而混凝土排水管自重大、长度短、接头多，铺设安装复杂，一般需要做混凝土基础，管槽、管座及连接处施工难度大，且需要养护。

③密封性差。混凝土排水管接头密封较困难，多采用承插口或平接口刚性连接，在连接处只抹一圈钢丝网包管混凝土，管道稍有异动（如管槽、管座不均匀沉降等）就可能造成连接处管口破损或脱节，导致污水外泄，渗入地下，造成二次污染。

④水力特性差。混凝土排水管内壁粗糙，水力摩阻系数大，水体流动速率慢，在相同管径和坡度条件下，过流能力小。

（2）为什么要禁止使用直径≤800 mm 的刚性接口铸铁排水管？什么是柔性接口铸铁管？柔性接口铸铁排水管的优点是什么？

①刚性接口铸铁排水管采用非柔性连接，容易因为外界变化引起刚性连接处破损，造成管口渗漏或脱节，导致污水外泄，渗入地下而造成二次污染。

②柔性接口铸铁排水管主要用于建筑物内排水和排污管道系统，是以柔性接口连接的灰口铸铁管材及其配套管件的统称。

③柔性接口铸铁排水管有如下优点：

a.接口形式优越。柔性接口对地基的适应能力强，在一定的地基变形情况下，不影响其密封性能。

b.抗渗性能优良。柔性接口允许伸缩而保证密封性能，接头抗渗能力强，降低了污水渗漏污染地下水的风险。

c.施工工期短。柔性接口排水管在开挖槽中直接铺设，省去了扎口包管及混凝土套环的养护期，减少了基础的土石方开挖量和外运量，管道安装方便、快捷，缩短工期。

d.社会经济效益良好。使用柔性接口排水管可缩短施工工期，减少城市占道和交通拥阻及对环境的污染，减少因施工噪声所造成的扰民问题，产生良好的社会效益。

e.管线运行稳定。柔性接口排水管对地基适应能力强，运行质量稳定，不易发生污水渗漏。

三、禁限范围有哪些?

（1）严禁用于全市建设工程。

（2）有特殊施工工艺要求的项目可根据实际情况选用符合要求的管材。

①顶管法施工是指在工作坑内借助顶进设备产生的顶力，克服管道与周围土壤的摩擦力，将管道按设计的坡度顶入土中的一种施工方式。施工过程中顶管要承受顶进设备施加的荷载，故要求顶管有足够的刚度。满足刚度要求的常用管材主要有钢管、顶管专用钢筋混凝土管，而钢管耐腐蚀性不好，一般不用作排水管道，因此顶管施工多选用钢筋混凝土管。

②道路下浅埋的雨水管施工工艺为先安装管材再采用机械推土的方式回填。因管材要承受机械来回碾压的压力，要求管材有足够的刚度，通常使用钢筋混凝土排水管或钢筋混凝土满包化学管材，以钢筋混凝土排水管为主。

综上，顶管法施工以及道路下浅埋（管顶覆土厚度≤1.0 m）雨水管等有特殊施工工艺要求的项目，可根据实际情况，采用钢筋混凝土排水管等符合要求的管材，且应尽可能采用柔性接口。

四、市政排水埋地铺设常用化学排水管有哪些?

化学排水管质量小、耐腐蚀性好,管壁光滑、过流能力大、水密性好、施工简便,管道具有柔性,能适应管道的不均匀沉降,在标准工况下,使用寿命在50年以上。化学排水管按材料分类主要有聚乙烯-聚氯乙烯共混(MPVE)管、硬聚氯乙烯(PVC-U)管、聚乙烯(PE)管和玻璃纤维增强塑料夹砂(RPM)管等。

1.硬聚氯乙烯(PVC-U)管

硬聚氯乙烯(PVC-U)管的强度高,弹性模量 $E \geqslant 3\ 000$ MPa,节省材料,产品最大直径为DN600,其构造特点及参数、适用范围详见表61。

表61　硬聚氯乙烯(PVC-U)管的构造特点和适用范围

管材名称	构造特点及参数	适用范围
硬聚氯乙烯双壁波纹管	双壁管的内壁光滑,外壁为梯形波纹空芯的环形肋。管材用双承插口连接,橡胶圈密封。接口刚度大、施工方便。环刚度等级2、4、8、(12.5)、16 kN/m^2	DN1 000以下
硬聚氯乙烯加筋管	管内壁光滑,外壁带有垂直加强筋,环刚度较高、侧向强度大、韧性好。管材的连接采用弹性密封圈连接方式。环刚度等级为4、(6.3)、8、(12.5)、16 kN/m^2	DN1 000以下
硬聚氯乙烯轴向中空壁管	管内、外壁光滑,内外壁间有纵向加筋条作支撑,受力方式为纵向受力,环刚度较高。管材的连接采用弹性密封圈连接方式。环刚度等级4、(6.3)、8、(12.5)、16 kN/m^2	DN1 200以下

2.聚乙烯-聚氯乙烯共混(MPVE)管

聚乙烯-聚氯乙烯共混(MPVE)管的特点有:刚性好,环刚度能达到25 kN/m^2;公称内径能达到1 200 mm;耐酸碱、耐腐蚀性能好,不溶于水;耐候性好,长期使用温度范围为-15～50 ℃;内壁流水阻力系数为0.007,水头阻力小,有效防止结垢;蠕变小等。

3.聚乙烯(PE)管

聚乙烯(PE)管的弹性模量、重力密度均小于硬聚氯乙烯(PVC-U)管,加工性能良好,可以热熔,生产的管径较大,且低温性能优于硬聚氯乙烯(PVC-U)管。不同聚乙烯(PE)管的性能构造特点及参数、适用范围详见表62。

表62　聚乙烯(PE)管的构造特点及适用范围

管材名称	构造特点及参数	适用范围
硬聚乙烯双壁波纹管	双层壁,内壁光滑平整、外壁为梯形波纹空芯的环形肋,环刚度等级2、4、(6.3)、8、(12.5)、16 kN/m^2。管材连接有单壁承插借口、套环接口和哈夫件连接等多种连接形式,均采用橡胶圈密封,施工方便。管径有内径系列和外径系列,一般用内径系列	DN1 200以下

续表

管材名称	构造特点及参数	适用范围
聚乙烯缠绕双壁矩形中空肋壁管	管材为双层壁，内、外壁表面平整，中间为矩形中空肋，用挤出成型的中空矩形管在圆形模具上缠绕焊接成型。管材的刚度易于变换调整，生产的管径可以很大，但管壁不如挤出成型的双壁波纹管光滑平整，管道接口有热熔连接、电熔连接和哈夫连接等多种形式。电熔和热熔连接能将管道熔接成整体，整体性和严密性好，管材为内径系列，环刚度等级2、4、(6.3)、8、(12.5)、16 kN/m^2	DN2 500以下
聚乙烯缠绕圆形中空肋壁管	管材有内表面光滑，外表面平整、管壁中间为圆形中空螺旋肋和内表面光滑、外表面为螺旋状圆形中空肋两种类型。环刚度等级2、4、(6.3)、8、(12.5)、16 kN/m^2。管材连接通常采用承插电熔连接，管道连接的整体性好，严密性好。管材为内径系列	DN2 500以下

4.玻璃纤维增强塑料夹砂(RPM)管

玻璃纤维增强塑料夹砂(RPM)管有定长缠绕、离心浇铸和连续缠绕三种制管工艺。公称内径DN100~DN1 200，环管刚度1.25~10 kN/m^2；管壁的内表面光滑平整；管材连接采用套环接口和承插接口，双橡胶圈密封，严密性好；用于排水采用内径系列，适于大直径的排水管。

5.工程应用及产品标准

工程应用及产品标准详见表63。

表63　部分化学管材工程应用及产品标准

管材名称	工程应用标准	产品标准
硬聚氯乙烯双壁波纹管	《给水排水工程管道结构设计规范》(GB 50332)、《给水排水管道工程施工及验收规范》(GB 50268)、《埋地塑料排水管道工程技术规范》(CJJ 143)、《建筑排水塑料管道工程技术规程》(CJJ/T 29)	《埋地排水用硬聚氯乙烯(PVC-U)结构壁管道系统第1部分:双壁波纹管材》(GB/T 18477.1)
硬聚氯乙烯加筋管		《埋地排水用硬聚氯乙烯(PVC-U)结构壁管道系统第2部分:加筋管材》(GB/T 18477.2)
硬聚氯乙烯轴向中空壁管		《埋地排水用硬聚氯乙烯(PVC-U)结构壁管道系统第3部分:双层轴向中空壁管材》(GB/T 18477.3)
聚乙烯双壁波纹管		《埋地用聚乙烯(PE)结构壁管道系统第1部分:聚乙烯双壁波纹管材》(GB/T 19472.1)
聚乙烯缠绕双壁矩形中空肋壁管、聚乙烯缠绕圆形中空肋壁管		《埋地用聚乙烯(PE)结构壁管道系统第2部分:聚乙烯缠绕结构壁管材》(GB/T 19472.2)
玻璃纤维增强塑料夹砂管		《玻璃纤维增强塑料夹砂管》(GB/T 21238)

6.技术经济性

化学排水管的价格高于混凝土排水管,但化学排水管的过流能力大,可以减小管径或降低管道坡度,减少沟槽的工程量,提高施工速度。同时,化学管道的质量小,可减少运输费和施工吊装的机械费。在运行方面,化学管道的密闭性好,可以减少管道渗漏对地下水的污染。在地下水位高的地区,还可减少地下水向管道内渗漏和泵站提升的能耗及污水处理量,从而实现较好的综合效益。

第 76 条 PVC 饮用水管材和管件(采用铅盐作稳定剂)

技术名称	禁止	限制	技术(性能)指标	限制、禁止使用范围	相关理由	替代技术(产品)	执行时间
PVC 饮用水管材和管件(采用铅盐作稳定剂)	√			严禁用于全市建设工程	易污染环境,危害人身健康	符合标准要求的其他管材、管件	2019 年 11 月 6 日起执行

【释义】

一、什么是 PVC 饮用水管材和管件(采用铅盐作稳定剂)?

PVC 饮用水管材和管件:以聚氯乙烯为原材料制作,用于居民饮用水输送的管材和管件。它使用铅盐作稳定剂,通过捕捉 PC 热分解产生的氯化氢(HCl),防止 HCl 的催化降解,从而获得长期的热稳定性、电气绝缘性、耐候性。

二、为什么禁止使用 PVC 饮用水管材和管件(采用铅盐作稳定剂)?

PVC 塑料中的铅主要来自其中的热稳定剂铅盐。含铅盐的 PVC 塑料给水管在使用过程中,重金属铅会从管道中析出,从而直接造成饮用水的污染。据统计,目前这种含有铅盐稳定剂的塑料给水管已经被世界许多国家禁用。《给水用硬聚氯乙烯(PVC-U)管线》(GB/T 10002.1—2006)第 4.3 款明确要求饮用水管材和管件不得使用铅盐作稳定剂。

第 77 条 冷镀锌钢管

技术名称	禁止	限制	技术(性能)指标	限制、禁止使用范围	相关理由	替代技术(产品)	执行时间
冷镀锌钢管		√		不得用于全市民用建筑	耐腐蚀性能差	符合标准要求的化学管材、不锈钢管材等	2019 年 11 月 6 日起执行

【释义】

一、什么是冷镀锌钢管?

冷镀锌钢管:又名电镀锌钢管,是采用冷镀锌工艺镀锌的一种钢管产品,其镀锌量为10~50 g/m²。

二、为什么限制使用冷镀锌钢管?

住建部《关于在住宅建设中淘汰落后产品的通知》(建住房〔1999〕295号)中明确,在城镇新建住宅中,禁止使用冷镀锌钢管用于室内给水管道。同时,冷镀锌钢管的镀锌层是电镀层,锌层与钢管基体独立分层,而锌层较薄,锌层简单附着在钢管基体上,容易脱落,所以冷镀锌钢管耐腐蚀性能差。在民用建筑中限制使用是保证不因管道锈蚀而影响饮用水卫生质量、损坏热计量和温控器具。

第78条　衬塑复合钢管

技术名称	禁止	限制	技术(性能)指标	限制、禁止使用范围	相关理由	替代技术(产品)	执行时间
衬塑复合钢管		√		不得用于建筑用热水系统	耐久性差	纤维增强聚丙烯给水管、薄壁不锈钢水管等	2019年11月6日起执行

【释义】

一、什么是衬塑复合钢管?

衬塑复合钢管:以硬聚氯乙烯(PVC-U)、氯化聚氯乙烯(PVC-C)、聚乙烯(PE)、交联聚乙烯(PE-X)、耐热聚乙烯(PE-RT)、聚丙烯(PP-R)等热塑性塑料管为内衬材料和粘结剂,通过热胀工艺、冷拔缩径工艺,使碳钢管和内衬管复合而成的管材。

二、为什么限制使用衬塑复合钢管?

衬塑复合钢管的连接方式可分为螺纹式连接、法兰式连接、沟槽式连接。这三种连接方式会导致接头处塑料层、钢带层与水介质的充分接触,塑料层受热变形后与钢带稍有缝隙,压力水就会进入,从而加快塑料与钢带的脱层。同时,衬塑复合钢管的塑料层与钢带层热膨胀系数相差较大,长期用于热水系统时,内衬塑料易受热发生变形而造成与外壁钢管的脱层,内衬塑料变形会减少水流输送的有效截面积,易产生堵管、爆管等安全隐患。

三、薄壁不锈钢水管、纤维增强聚丙烯给水管有哪些优点?

(1)薄壁不锈钢水管是采用壁厚为0.6~2.0 mm的不锈钢带或不锈钢板,用自动氩弧焊等熔焊焊接工艺制成的管材。它常用于工作压力不大于1.6 MPa的条件下输送饮用净水、生活饮用水、热水和温度不大于 135 ℃的高温水等。

薄壁不锈钢管具有以下突出的优势：卓越的力学性能、超群的耐磨损性能、良好的安全卫生性能、耐温性能、保温性能较好、内壁光滑水阻小；外表美观、清洁、时尚，100%可回收再利用；有利于节约水资源；使用范围广；使用寿命长综合成本低。

(2)纤维增强聚丙烯管，即 FRPP 管，使用经偶联剂处理的玻璃纤维改性聚丙烯材料生产的一种管材。主要适用于建筑物内冷热水管道系统，包括工业及民用冷热水、饮用水和采暖系统等，产品主要技术参数应符合《纤维增强无规共聚聚丙烯复合管》(CJ/T 258)的要求。其主要优点如下：

①长久的使用寿命。在额定温度、压力状况下，FRPP 管道可安全使用 50 年以上。

②卓越的耐腐蚀性能。FRPP 管材能耐大多数化学液体的腐蚀，可在很大的范围内承受 PH 值范围在 1~14 的高浓度酸碱液的腐蚀。

③优异的抗磨性能。FRPP 管的耐磨性是钢管的 4 倍以上。

④较高的刚度。生产管材时由于加入了玻璃纤维增强材料，使 FRPP 管材不易变形。

⑤耐热、保温、节能。FRPP 管材最高使用温度 95 ℃左右，该产品的导热系数仅为钢管的 1/200，故有较好的保温性能。

⑥可靠的连接性能。FRPP 管热熔接口的强度高于管材本体，接缝不会由于土壤移动或载荷的作用而断开。

⑦良好的施工性能。FRPP 管材质轻，焊接工艺简单，施工方便，工程综合造价低。

⑧长久的使用寿命。在额定温度、压力状况下，FRPP 管可安全使用 50 年以上。

第 79 条 沥青复合胎柔性防水卷材

技术名称	禁止	限制	技术（性能）指标	限制、禁止使用范围	相关理由	替代技术（产品）	执行时间
沥青复合胎柔性防水卷材	√			严禁用于全市建设工程	拉力和低温柔度指标低，耐久性差	高聚物改性沥青防水卷材、高分子防水卷材等	2019 年 11 月 6 日起执行

【释义】

一、什么是沥青复合胎柔性防水卷材?

沥青复合胎柔性防水卷材：以涤棉无纺布-玻纤网复合毡为胎体，浸涂胶粉改性沥青，以细砂、聚乙烯膜、矿物粒(片)等为覆面材料制成的用于一般建筑防水工程的防水卷材。

二、为什么禁止使用沥青复合胎柔性防水卷材?

沥青复合胎柔性防水卷材使用的胎体是涤棉无纺布-网格布复合而成，其中涤棉无纺布一般用回收的废布绒制成，化纤成分极高，不易浸透；该胎耐霉菌、耐水性、耐久性极差，生产的卷材易分层，其沥青通常用废橡胶粉进行改性。整个卷材易分层，热老化后的低温柔度指标低（Ⅰ级为 0 ℃，Ⅱ级为-5 ℃），耐久性差。工信部 2017 年发布了第 23 号公告，废除了 2 749项行业标准，其中就有《沥青复合胎柔性防水卷材》（JC/T 690—2008）。

第 80 条　再生橡胶改性沥青防水卷材

技术名称	禁止	限制	技术（性能）指标	限制、禁止使用范围	相关理由	替代技术（产品）	执行时间
再生橡胶改性沥青防水卷材	√			严禁用于全市建设工程	耐久性差	高聚物改性沥青防水卷材、高分子防水卷材等	2019 年 11 月 6 日起执行

【释义】

一、什么是再生橡胶改性沥青防水卷材?

再生橡胶改性沥青防水卷材:以废橡胶经水洗、切块、粉碎后加入沥青中混炼而成的再生橡胶改性沥青为基料，浸渍化纤无纺布增强胎体，以塑料薄膜为隔离层，经复合、滚压、冷却、收卷等工序加工而成的防水卷材。

二、为什么禁止使用再生橡胶改性沥青防水卷材?

由于回收的废橡胶中橡胶含量不确定，原材料成分复杂，故生产时配方难以调控，可能造成卷材的性能差异很大。同时，废橡胶的老化程度不同，产品的耐久性差别大，其综合性能与弹性体（SBS）改性沥青防水卷材、塑性体（APP）改性沥青防水卷材有较大差距。国家、行业无再生橡胶改性沥青防水卷材相关标准，产品无质量控制标准。

第 81 条　聚氯乙烯防水卷材（S 型）

技术名称	禁止	限制	技术（性能）指标	限制、禁止使用范围	相关理由	替代技术（产品）	执行时间
聚氯乙烯防水卷材（S 型）	√			严禁用于全市建设工程	易污染环境，危害人身健康	高聚物改性沥青防水卷材、高分子防水卷材等	2019 年 11 月 6 日起执行

【释义】

一、什么是聚氯乙烯防水卷材(S 型)?

S 型聚氯乙烯防水卷材:以煤焦油与聚氯乙烯树脂混溶料为基料的聚氯乙烯(PVC)防水卷材。

二、为什么禁止使用聚氯乙烯防水卷材(S 型)?

(1)生产原材料中的煤焦油污染环境,且对人体有害。

(2)从标准《聚氯乙烯防水卷材》(GB 12952—2003)开始已经取消 S 型产品,目前执行的产品标准为《聚氯乙烯(PVC)防水卷材》(GB 12952—2011),也没有 S 型。

第 82 条 聚乙烯丙纶类防水卷材

技术名称	禁止	限制	技术(性能)指标	限制、禁止使用范围	相关理由	替代技术(产品)	执行时间
聚乙烯丙纶类防水卷材	√			严禁用于全市建设工程	耐久性差,质量难以保证	高聚物改性沥青防水卷材、高分子防水卷材等	2019 年 11 月 6 日起执行

【释义】

一、什么是聚乙烯丙纶类防水卷材?

聚乙烯丙纶类防水卷材:用聚乙烯树脂加入抗老化剂、稳定剂、胶粘剂等作为主防水层,卷材的两个表面用强度较高的丙纶长丝无纺布加强热复合挤塑压延而制成的防水卷材。

二、为什么禁止使用聚乙烯丙纶类防水卷材?

聚乙烯丙纶类防水卷材的生产工艺差别大、产品质量参差不齐。部分聚乙烯丙纶类防水卷材因采用不符合要求的生产工艺和原材料进行生产,造成产品质量严重下降、工程质量不达标,故对其提出禁止使用规定。

1.禁止使用二次加热复合成型聚乙烯丙纶类防水卷材的原因

二次加热复合工艺生产设备从 2 万元到 20 万元不等,行业进入门槛低,生产技术水平差异大;复合工艺有单膜或双膜复合无纺布之分;原料膜一般采用聚乙烯膜,也有采用农用膜的;因此带来了产品质量的差异。而聚乙烯和丙纶二者均为极性材料,二次复合成型粘结效果差,性能不稳定。体现在产品上主要是丙纶无纺布与膜的粘结力不够,造成搭接时容易出现无纺布与膜间剥离,从而导致渗漏的问题。而采用一次加热复合成型聚乙烯丙纶类防水卷材则可以避免上述质量问题。一次加热复合成型聚乙烯丙纶类防水卷材是以聚乙烯树脂为防水层,双面复合丙纶长丝无纺布作增强层,采用热熔直压工艺一次复合成型的防水卷材。

2.禁止使用聚乙烯膜层厚度在0.5 mm以下的聚乙烯丙纶类防水卷材的原因

聚乙烯膜是聚乙烯丙纶复合防水材料的防水层,在产品质量相同的情况下,厚度越厚,寿命越长;厚度越薄,复合卷材经热空气老化、耐碱性试验后的伸长率保持率越小。厚度过薄,会造成抗裂、抗穿刺、抗光照和受热耐老化的能力下降。因此,禁止使用聚乙烯膜层厚度0.5 mm以下的聚乙烯丙纶类防水卷材,保证一定的厚度,才能防止施工中基层对卷材的穿刺与硌伤。

3.禁止使用采用再生料生产的聚乙烯丙纶类防水卷材的原因

用于生产聚乙烯膜的原材料可以是原生料,也可以是再生料。采用再生料生产的聚乙烯膜耐热和耐老化性能差,在建筑运行环境下容易变形,温度超过80 ℃即发生永久变形,造成卷材与基层剥离、卷材与卷材的搭接剥离,从而造成渗漏。同时,再生料的价格仅为原生料价格1/3~1/2,部分商家为追逐利益而采用再生料生产聚乙烯丙纶类防水卷材,造成其质量严重下降,因此禁止使用采用再生料生产的聚乙烯丙纶类防水卷材。

三、禁限范围有哪些?

严禁在全市建设工程使用二次加热复合成型、聚乙烯膜层厚度<0.5 mm及采用再生料生产的聚乙烯丙纶类防水卷材。但由于再生料与原生料、一次成型工艺与二次复合成型工艺生产的聚乙烯丙纶类防水材料从外观难以分辨,目前市场充斥着大量的聚乙烯再生料和二次复合成型工艺生产的聚乙烯丙纶类防水卷材,所以在工程中应谨慎采用。

第83条　沥青类防水卷材热熔法施工工艺

技术名称	禁止	限制	技术（性能）指标	限制、禁止使用范围	相关理由	替代技术（产品）	执行时间
沥青类防水卷材热熔法施工工艺		√		不得用于室内施工部位以及深基坑、有施工防火要求的防水工程	易污染环境,易发生火灾	防水涂料、自粘聚合物改性沥青防水卷材施工工艺等	2019年11月6日起执行

【释义】

一、什么是沥青类防水卷材热熔法施工工艺?

沥青类防水卷材热熔法施工工艺:采用火焰加热器(喷灯)热熔卷材表面沥青,以达到卷材与基层、卷材与卷材之间的相互粘结的施工工艺。

二、为什么限制使用沥青类防水卷材热熔法施工工艺？

防水施工中涂刷冷底子油时，苯溶剂的挥发是第一次污染，其污染程度令人震惊。热熔粘结是热熔法施工的第二次污染，在粘结过程中汽油喷灯燃烧时直接挥发的有害气体和烟尘，以及热熔沥青释放的有毒物质，比第一次污染程度更加严重。经中国环境科学研究院环境分析测试中心对热熔法粘结有机挥发物的检测（报告编号：20001203），结果表明热熔铺贴过程检测出44种有毒有害挥发物，总量达11.52 mg/m^3，主要成分为苯系物，总量达7.07 mg/m^3，占总排放物的61.4%，对环境构成严重危害。对人体健康的危害巨大，特别是沥青中含有的多环芳烃（PAHs），如：苯并[a]芘（BaP）、苯并荧蒽（BF）、苯并[j]荧蒽（B[j]F）、二甲苯并[a]蒽（DMBA）等物质都属于致癌物，不但危害人体的健康，也会危及其他自然生物的生存环境。白色污染物——聚乙烯塑料覆膜在高温熔化时，会产生大量剧毒物质——二噁英（Dixoin，TCDD），严重危害作业人员身体健康，因此在室内和深基坑等空气不流通的部位限制使用。同时，沥青类防水卷材用热熔法施工用火焰加热，容易引起火灾，因此在有施工防火要求的防水工程中限制使用。

第84条 溶剂型橡胶沥青防水涂料

技术名称	禁止	限制	技术（性能）指标	限制、禁止使用范围	相关理由	替代技术（产品）	执行时间
溶剂型橡胶沥青防水涂料	√			严禁用于全市建设工程	易污染环境，危害人身健康	符合标准要求的其他防水涂料	2019年11月6日起执行

【释义】

一、什么是溶剂型橡胶沥青防水涂料？

溶剂型橡胶沥青防水涂料：以橡胶改性沥青为基料，经溶剂溶解配制而成的防水涂料。

二、为什么禁止使用溶剂型橡胶沥青防水涂料？

施工过程中有机挥发物会产生刺激性气味，即使施工完保护层后，需几年时间才能挥发完，对人体和环境均有一定的影响；特别在工人操作时，如室内排风不好，遇火易引起火灾和其他伤人事故。工信部2017年发布第23号公告，废除2749项行业标准中包括《溶剂型橡胶沥青防水涂料》（JC/T 852—1999）。

第85条　溶剂型建筑防水涂料

技术名称	禁止	限制	技术（性能）指标	限制、禁止使用范围	相关理由	替代技术（产品）	执行时间
溶剂型建筑防水涂料		√		不得用于建筑室内防水工程	易污染环境，危害人身健康	水性聚氨酯防水涂料、聚合物乳液防水涂料等	2019年11月6日起执行

【释义】

一、什么是建筑防水涂料？

建筑防水涂料：在常温下呈无固定形状的黏稠状液态高分子合成材料，经涂布后，通过溶剂的挥发或水分的蒸发或反应等方式固化后在基层表面形成的坚韧的防水涂膜材料的总称。

（1）溶剂型：主要成膜物质的高分子材料溶解于有机溶剂中，成为溶液；固化时，通过溶剂挥发，经过高分子物质分子链接触、搭接等过程而结膜。常用的有单组分聚氨酯。

（2）水乳型：主要成膜物质的高分子材料以极微小的颗粒（而不是呈分子状态）稳定悬浮（而不是溶解）在水中，成为乳液状涂料。固化时，通过水分蒸发，经过固体微粒接近、接触、变形等过程而结膜。常用的有JS防水乳胶。

（3）反应型：主要成膜物质的高分子材料以预聚物液态形状存在，多以双组分或单组分构成涂料，几乎不含溶剂，固化时，通过液态的高分子预聚物与相应物质发生化学反应结膜。常用的有双组分聚氨酯。

二、为什么禁止使用溶剂型建筑防水涂料？

溶剂型建筑防水涂料在施工和使用过程中，会有大量的易燃、易爆、有毒的有机溶剂释放，尤其是在室内和不通风的环境中，对人体和环境有较大的危害，因此在室内等空气不流通的部位限制使用。

第 86 条　焦油型聚氯乙烯建筑防水接缝材料

技术名称	禁止	限制	技术（性能）指标	限制、禁止使用范围	相关理由	替代技术（产品）	执行时间
焦油型聚氯乙烯建筑防水接缝材料	√			严禁用于全市建设工程	易污染环境，危害人身健康	MS 改性硅酮密封胶、硅酮密封胶等建筑防水接缝材料	2019 年 11 月 6 日起执行

【释义】

一、什么是焦油型聚氯乙烯建筑防水接缝材料?

焦油型聚氯乙烯建筑防水接缝材料:以聚氯乙烯和煤焦油为基料,按一定的比例加入增塑剂、稳定剂及填料,在 130~140 ℃条件下塑化而成的热施工防水材料。

二、为什么禁止使用焦油型聚氯乙烯建筑防水接缝材料?

(1)产品在生产和使用时均会挥发出有害物质,污染环境,危害人体健康。

(2)建设部在 2004 年发布的“关于推广应用新技术和限制、禁止使用落后技术公告”中重申对“焦油型聚氯乙烯建筑防水接缝材料”予以淘汰,并禁止用于房屋建筑的防水工程。

第九部分
电气与智能化

第87条　配电箱(无3C认证)

技术名称	禁止	限制	技术(性能)指标	限制、禁止使用范围	相关理由	替代技术(产品)	执行时间
配电箱(无3C认证)	√			严禁用于全市建设工程	存在用电安全隐患	通过国家强制性产品3C认定,符合《施工现场临时用电安全技术规范》(JGJ 46)要求的电箱	2019年11月6日起执行

【释义】

一、什么是配电箱?

配电箱:按电器接线要求将开关设备、测量仪表、保护电器和辅助设备组装在封闭或半封闭金属柜中或屏幅上,即构成低压配电箱。配电箱在正常运行时,可借助手动或自动开关接通或分断电路;故障或运行不正常时,可借助保护电器切断电路或报警。

二、为什么禁止使用配电箱(无3C认证)?

凡是由用电单位或个人私自组合装配而成,未通过国家3C认证的用电开关箱都属于配电箱(无3C认证),都严禁用于建筑施工现场。所谓3C认证,就是中国强制性产品认证制度,它是国家为保护消费者人身安全和国家安全、加强产品质量管理、依照法律法规实施的一种产品合格评定制度。需要注意的是,3C标志并不是质量证明标志,而只是一种最基础的安全认证。

由于配电箱(无3C认证)质量无法保证,缺少安全措施,存在极大的安全隐患,难以确保安全生产,不符合《施工现场临时用电安全技术规范》(JGJ 46)、《低压成套开关设备及控制设备》(GB 7251.4)要求,缺少安全措施,用电安全无法得到保证,极易造成触电和电气火灾事故。

第 88 条 非标移动卷线开关盘

技术名称	禁止	限制	技术(性能)指标	限制、禁止使用范围	相关理由	替代技术(产品)	执行时间
非标移动卷线开关盘	√			严禁用于全市建设工程	存在用电安全隐患	通过国家强制性产品3C认定,符合《施工现场临时用电安全技术规范》(JGJ 46)要求的电箱	2019 年 11 月 6 日起执行

【释义】

一、什么是非标移动卷线开关盘?

非标移动卷线开关盘:施工工地现场装配的配电保护用途开关盘。

二、为什么禁止使用非标移动卷线开关盘?

《施工现场临时用电安全技术规范》(JGJ 46)对配电箱开关箱有以下规定:

(1)配电箱、开关箱应采用冷轧钢板和阻燃绝缘材料制作,钢板厚度应为 1.2~2.0 mm,其中开关箱箱体钢板厚度不得小于 1.2 mm,配电箱箱体钢板厚度不得小于 1.5 mm,箱体表面应做防腐处理。

(2)配电箱、开关箱应装设端正牢固,固定式配电箱、开关箱的中心点与地面的垂直距离应为 1.4~1.6 m,移动式配电箱、开关箱应装设在坚固的支架上,其中心点与地面的垂直距离宜为 0.8~1.6 m。

(3)配电箱、开关箱内的电器(含插座、闸刀、电表)应先安装在金属或非木质阻燃绝缘电器安装板上,不得歪斜和松动,然后方可整体紧固在配电箱、开关箱箱体内,金属电器安装板与金属箱体应做电气接地连接。禁止非标移动卷线开关盘在建设工程施工现场中使用。

第89条　瓷插式熔断器

技术名称	禁止	限制	技术（性能）指标	限制、禁止使用范围	相关理由	替代技术（产品）	执行时间
瓷插式熔断器	√			严禁用于全市建设工程	安全性差	符合标准要求的空气隔离断路器等断路器	2019年11月6日起执行

【释义】

一、什么是瓷插式熔断器？

瓷插式熔断器：又称瓷插式保险盒，在低压配电系统和用电设备中主要起短路保护作用。使用时，它串联在被保护的电路中，当电路中出现短路或严重过载时，瓷插式熔断器中的熔体会因发热而自动熔断，从而切断故障电路，起到保护作用。

二、为什么禁止使用瓷插式熔断器？

瓷插式熔断器由带固定触头的底座和安装熔断丝的瓷盖组成。当瓷盖插入底座时，熔断丝便接入电路，并被瓷盖全部遮盖，但其开断短路电流能力差，且无灭弧能力，熔断时有炙热的金属粒或熔珠飞溅流淌，易造成线路故障并可能引发电路火险，安全性极差。

三、空气隔离断路器的技术有哪些优点？

空气隔离断路器是用手动（或电动）合闸，用锁扣保持合闸位置，由脱扣机构作用于跳闸并具有灭弧装置的低压开关。被广泛用于110 V～500 kV的交、直流装置中。目前生产的空气断路器多采用常充气式，即无论在合闸或分闸状态，灭弧室内部都充满压缩空气，保证了触头间必要的绝缘强度。这种形式结构简单，空气压力利用好，气耗量少，当电路内发生过压负荷、短路、电压降低等时，能自动切断电路，并利用预先贮存的压缩空气来灭弧。压缩空气不仅作为灭弧和绝缘介质，而且还作为传动的动力。由于新鲜的压缩空气流除可以带走弧隙中热量，降低弧隙温度，还能直接带走弧隙中的游离带电质点，补充新鲜气体介质，使弧隙介质强度迅速恢复，所以空气断路器断流容量大，灭弧时间短，而且快速自动重合闸时断流容量不降低。但是空气断路器所使用有色金属材料量大，具有需要装设压缩空气系统等辅助设备和价格较贵等特点。

第 90 条　四芯电缆外加一芯，花线(电缆电线类)，胶质线电缆

技术名称	禁止	限制	技术（性能）指标	限制、禁止使用范围	相关理由	替代技术（产品）	执行时间
四芯电缆外加一芯,花线(电缆电线类),胶质线电缆	√			严禁用于全市建设工程	存在用电安全隐患	符合《施工现场临时用电安全技术规范》(JGJ 46)要求的五芯电缆等	2019 年 11 月 6 日起执行

【释义】

一、什么是四芯电缆外加一芯？什么是花线(电缆电线类)？什么是胶质线电缆？什么是五芯电缆？

(1)四芯电缆外加一芯是指导线是四大一小芯电缆。

(2)花线是早期产品的电线,采用两根橡或塑绝缘电线外包纤维织物绞合成辫状的电线,应用于单相临时照明或灯头、插座连接导线。花线的绝缘层分别由橡胶、纤维组成,内部的芯线由细铜丝束组成,外包纤维织物和绝缘层容易破损。

(3)胶质电线为单根铜芯线或细铜丝束和有色胶质(塑料)绝缘体组成,有两根单芯绞合成辫状和双芯并排橡(塑)分隔绝缘胶合两种,常用于低压电线。

(4)五芯电缆就是有五个相互分隔绝缘的芯线,其外面又有包裹这五个芯线的橡塑护套或钢铠橡塑护套。其组成包括有五个均设有绝缘层的芯导体,于各个芯导体之外设有一外护层,其中一芯导体截面呈圆形的结构,另外四个芯导体截面呈瓦楞形的结构,该瓦楞形的外边为圆弧,内边为直线,四个截面呈瓦楞形的芯导体以内边朝内的方式而分布于所述截面呈圆形的芯导体的周边,且各芯导体之间填设绝缘填充物。

二、为什么禁止使用四芯电缆外加一芯、花线(电缆电线类)和胶质线电缆？

《施工现场临时用电安全技术规范》(JGJ 46)中规定,电缆中必须包括全部工作芯线,含零线或保护线的芯线需要三相四线制配电的电缆线路必须采用橡包橡隔的五芯电缆;聚氯乙烯绝缘电线或橡包塑隔的五芯电缆必须包含淡蓝、绿/黄二种颜色绝缘芯线,淡蓝色芯线必须用作 N 线;绿/黄色芯线必须用作 PE 线,严禁混用。

第 91 条　白炽灯，卤素灯

技术名称	禁止	限制	技术（性能）指标	限制、禁止使用范围	相关理由	替代技术（产品）	执行时间
白炽灯，卤素灯		√		不得用于城市道路、公共区域、公共建筑和成品住宅照明	能效低，能耗高	LED 灯等绿色节能照明产品	2019 年 11 月 6 日起执行

【释义】

一、什么是白炽灯？什么是卤素灯？

（1）白炽灯：将灯丝通电加热到白炽状态，利用热辐射发出可见光的电光源。

（2）卤素灯：又称钨卤灯、石英灯，是白炽灯的一个变种，它是以加热钨丝来发光照明的光源。

二、为什么限制使用白炽灯和卤素灯？

白炽灯和卤素灯能耗高、寿命短、温度高、光效低、显色性差，光衰严重，安全性差。不符合《建筑照明设计标准》（GB 50034）的规定，国家发展和改革委员会等五部门 2011 年发布了“中国逐步淘汰白炽灯路线图”，要求：2011 年 11 月 1 日至 2012 年 9 月 30 日为过渡期，2012 年 10 月 1 日起禁止进口和销售 100 W 及以上普通照明白炽灯，2014 年 10 月 1 日起禁止进口和销售 60 W 及以上普通照明白炽灯，2015 年 10 月 1 日至 2016 年 9 月 30 日为中期评估期，2016 年 10 月 1 日起禁止进口和销售 15 W 及以上普通照明白炽灯，或视中期评估结果进行调整。通过实施路线图，有力促进了中国照明电器行业健康发展，取得了良好的节能减排效果。故建筑室内照明一般场所不应采用普通照明白炽灯，但在特殊情况下，其他光源无法满足要求需采用时，应采用 60 W 以下的白炽灯。

三、LED 灯、节能灯有哪些特点？

（1）LED 灯适用于建筑物室外景观照明和室内展示物重点照明。它将电能直接转换成光通的过程节省了大部分能源，功率低、节约能源、体积小、质量小、电源适应性强、施工简便、使用寿命长（可达 10 万小时以上）、运输方便且不含汞等有害物质，所以也是国家大力推广的节能光源，符合国家产业政策要求。LED 灯较长的使用寿命有效降低了产品有效期内的更换率，从而降低了维护和使用费用。在光效方面，最新的 300 WLED 灯的光效等同于 3~4 个卤素灯所输出的光效。

（2）节能灯采用由汞蒸气电离子产生紫外线，紫外线使用荧光粉发光的原理。现使用的节能灯大多数是三基色卤粉，是由汞蒸气电离子产生紫外线使用荧光粉发光的。

综上所述,LED 灯光通量约为节能灯的 2 倍,约为白炽灯的 5 倍,比白炽灯节能约 90%。LED 灯最适合用于装饰照明、景观照明(作射灯),而节能灯适用于空间照明、室内照明。

(3)参考标准主要有:

①《普通照明用自镇流荧光灯能效限定值及能效等级》(GB 19044);

②《普通照明用 LED 模块性能要求》(GB/T 24823);

③《普通照明用 LED 和 LED 模块术语和定义》(GB/T 24826)。

第 92 条 卤粉荧光灯,荧光灯类一般型电感镇流器

技术名称	禁止	限制	技术(性能)指标	限制、禁止使用范围	相关理由	替代技术(产品)	执行时间
卤粉荧光灯,荧光灯类一般型电感镇流器		√		不得用于低压照明	光效低,显色性差,光衰严重;能效低	LED 灯、节能型电感镇流器等绿色节能照明产品	2019 年 11 月 6 日起执行

【释义】

一、什么是卤粉荧光灯?什么是荧光灯类一般型电感镇流器?

(1)卤粉荧光灯:利用低气压的汞蒸气在通电后释放紫外线,从而使荧光粉发出可见光的原理发光,属于低气压弧光放电光源。

(2)一般型电感镇流器:是指荧光灯上起限流作用和产生瞬间高压的设备,它是在硅钢制作的铁芯上缠漆包线制作而成,这样的带铁芯的线圈,在瞬间开/关上电时,就会自感产生高压,加在荧光灯管两端的电极(灯丝)上。

二、为什么限制使用卤粉荧光灯和荧光灯类一般型电感镇流器?

卤粉荧光灯一经通电,亮度就基本达到峰值,亮度低、光色发青,发光效率不高,热稳定性差,光衰较大,光通维持率低。2008 年 6 月 1 日,国家发改委、国家质检总局和国家认监委组织制定的《中华人民共和国实行能源效率标识产品目录(第三批)》中规定,荧光灯达到 3 级以上能效才能销售使用,达 2 级能效才能获得节能认证并获得国家产业政策支持,而卤粉荧光的性能很难达到 2 级能效标准,因此,卤粉荧光灯不得用于低压照明。

传统的电感镇流器由硅钢片外绕漆包铜线组成,有噪声大、频闪高、功率损耗高(40 W 灯管的自身损耗为 9 W)、功率因数低、工作时温度高,有安全隐患等致命缺点,已不能适应当前“节能、环保”的需求,因此传统的电感镇流器不得用于低压照明。

第 93 条　停车场管理系统(非智能识别型)

技术名称	禁止	限制	技术（性能）指标	限制、禁止使用范围	相关理由	替代技术（产品）	执行时间
停车场管理系统（非智能识别型）	√			严禁用于全市建设工程	设备落后，停车效率低	符合标准要求的智能识别型停车场管理系统	2019 年 11 月 6 日起执行

【释义】

一、什么是停车场管理系统(非智能识别型)?

停车场管理系统(非智能识别型):以射频感应卡为载体,通过感应卡记录车辆进出信息,通过计算机、网络设备、车道管理设备搭建的一套对停车场车辆出入、场内车流引导、收取停车费进行管理的网络系统。

二、为什么禁止使用停车场管理系统(非智能识别型)?

停车场管理系统(非智能识别型)存在进出场效率低、找车位难、找车难、管理难、管理成本高等诸多问题。无空余车位信息发布,造成车主进场后无车位可停,浪费车主时间;车主进出场需要停车刷取卡,进出场效率低,且易造成拥堵;缺乏相关引导设施,车主找车位难,浪费时间,增加车辆油耗;无寻车应用系统,因车场空间大,结构复杂,缺乏有效参照物,造成车主找车难,浪费时间,并影响车场吞吐率;缺乏有效的视频监控,交通、偷盗、汽车刮擦等事故频发,经常引起纠纷无证可查;人工管理,管理成本高、管理难、服务质量难以把控。

智能识别型停车场管理系统以光学数字镜头车牌识别方式代替传统射频卡计费,停车场管理系统经过不断发展进步,也由原来的初级停车出入管理收费功能发展到智能识别、智能引导、物联网+互联网等全功能需求,智能化、智慧化、城市区域联网化停车系统是行业当前发展的趋势和智慧城市建设的基本要求。《智能建筑设计标准》(GB 50314)指出,在中大型建筑中必须使用智能识别型停车场管理系统,而小型建筑宜配置。同时,《建筑智能化系统设计规范》(DBJ 50T-175)提出了智能识别型停车场管理系统的具体设计规范。

第十部分 其他

第 94 条　聚丙烯加筋土挡墙拉筋带

技术名称	禁止	限制	技术（性能）指标	限制、禁止使用范围	相关理由	替代技术（产品）	执行时间
聚丙烯加筋土挡墙拉筋带	√			严禁用于全市建设工程	易老化，变形大，存在质量安全隐患	钢塑复合土工带等	2019 年 11 月 6 日起执行

【释义】

一、什么是聚丙烯加筋土挡墙拉筋带?

聚丙烯加筋土挡墙拉筋带:复合式挡墙设计中采用的一种以聚丙烯作为加强材料,利用填土与该聚丙烯筋条之间产生的摩擦力,使土体成复合体,以提高土体强度,抵抗墙后填土产生的侧压力的拉筋带。

二、为什么禁止使用聚丙烯加筋土挡墙拉筋带?

聚丙烯拉筋带原材料为化学制品,其本身受日照、温度、水分等因素的影响容易老化,抗腐蚀性能差,质量不稳定,难于达到设计要求,采用聚丙烯拉筋带制成的复合式挡土墙变形过大,质量安全隐患较大。

第95条　散水暗沟

技术名称	禁止	限制	技术（性能）指标	限制、禁止使用范围	相关理由	替代技术（产品）	执行时间
散水暗沟		√		不得用于首层有功能房间的室外散水沟	不易清理，排水效果差	散水明沟等	2019年11月6日起执行

【释义】

一、什么是散水？什么是散水沟？

（1）散水：为保护墙基不受雨水侵蚀，在房屋外墙四周的勒脚处（室外地坪上）用片石砌筑或用混凝土浇筑的有一定坡度的散水坡，以便将屋面流下的雨水排至远处。

（2）散水沟：是指设置于散水外侧，用于收集建筑物外墙流落雨水的排水沟。根据其敷设形式，分为散水明沟和散水暗沟。散水明沟是指沿散水外布置的敞开排水沟或布满排水篦子的排水沟；散水暗沟则是沿散水外布置带沟盖板（或局部设篦子）的排水沟。

二、为什么限制使用散水暗沟？

功能房间即具备使用功能的房间，一般是有人员驻停、活动的功能场所。散水暗沟位于地下，若发生堵塞，不易清理，会影响环境卫生且影响首层功能房间活动。同时，建筑室内可能会有屋顶雨落管、空调冷凝水管或阳台排水管等排水管接入室外散水沟，通过设置散水明沟的形式，可监督和排查是否有污废水管接入，尤其是阳台排水管（可能含有盥洗污废水），相关文件已禁止接入雨水系统。即使空调冷凝水管接入沟内，完全敞开的散水明沟也可防止下游密闭管渠系统污秽气体通过冷凝水管进入室内，从而影响室内空气质量。

三、什么是散水明沟？

散水明沟是指房屋外墙散水坡以外的不加沟盖板（或布满篦子）的排水沟。明沟的作用是迅速、有组织地将地面水和雨水引向下水道，防止房屋基础和地基被水浸泡而渗透，以保证房屋的巩固和耐久。通常明沟底部的坡度为0.3%～1%，深度为20～40 cm，宽度为18～38 cm。

第96条 砖砌检查井

技术名称	禁止	限制	技术（性能）指标	限制、禁止使用范围	相关理由	替代技术（产品）	执行时间
砖砌检查井	√			严禁用于全市建设工程	易渗漏,易污染环境	装配式混凝土检查井、塑料检查井等	2019年11月6日起执行

【释义】

一、什么是砖砌检查井?

砖砌检查井:为地下基础设施(如供电、给水、排水、通信、有线电视、煤气管道、路灯线路等)维修、安装方便而设置的各类砖砌检查井、阀门井、碰头井、排气井、观察井、消防井和用于清掏、清淤、维修的各类作业井,其功能是方便设备检查、维修、安装。

二、为什么禁止使用砖砌检查井?

(1)施工效率低,对环境和城市交通的影响大,不符合文明施工、快速施工的要求。

(2)浪费资源。使用黏土砖耗用宝贵的土地资源,损坏良田,不符合国家的土地和环保政策。

(3)污染环境。砖砌检查井消耗大量能源(标准煤),造成 CO_2 大量排放,同时容易出现污水渗透、污染地下水,排水受阻造成堵塞等。

(4)质量稳定性差。砖砌井强度低,特别在塑料管与检查井的接合处,容易渗漏。

三、什么是装配式混凝土检查井?什么是塑料检查井?装配式混凝土检查井、塑料检查井的优点有哪些?

(1)装配式混凝土检查井:由井盖、座筒及配件组装而成或由混凝土一次性预制成型,用于地下管道工程线中检查维护管道、清理沉淀物的预制装配式竖向检查井。

(2)塑料检查井:井座部分采用一次性注塑成型,以异径接头、变角接头和橡胶密封圈等配件来达到改变管径及角度连接的检查井。

(3)装配式混凝土检查井的优点如下:

①快捷施工:采用分体组装结构,可全天候施工,与砖砌井相比工效提高10~20倍。

②精致灵活:在狭小空间内优势明显,预留洞口大小、方向可调。

③密封性好:井身采取整体一次性成型,具有优越的水密性。

④经久耐用:抗压、抗渗、耐腐蚀、使用寿命长。

(4)塑料检查井的优点如下:

①质量小、安装简便快捷。采用分体组装结构易于运输和安装,施工方便,工作效率高,

可全天候施工，井筒可现场切割、调整，适用各种安装深度要求，井筒高度及在井体上打孔，可任意调节方向，有效降低安装施工成本，大大提高施工速度，砖砌和其他水泥模块砌筑井与之无法相比。

②节能环保。采用连接灵活方便的柔性连接方式，具有优越的水密性，杜绝雨污水渗漏、泄露，防止对地下水的二次污染，安全环保。同时，管道和井座共同运动，均匀沉降，很好地解决了传统砖砌井与塑料管道所产生的不均匀沉降问题，可有效防止地面塌陷。

③内壁光滑流畅设有导流槽，污物不易滞留，减少了堵塞的可能；有着出色的排水性能，雨污排放效率是传统检查井的 1~3 倍。

④节能省地，以高分子树脂为加工原料，可节约宝贵的黏土资源，符合国家可持续发展的基本国策。

综上，装配式检查井、塑料检查井综合造价低，维护费用少，比传统检查井更具优势；可回收循环利用，有着巨大的社会效益；由于采用柔性连接，灵活方便，能克服沙尘、沙灰的恶劣施工环境；可克服因路面增高而不能重复插入的困难。

第 97 条　桥面沥青弹塑体填充式伸缩缝工艺

技术名称	禁止	限制	技术（性能）指标	限制、禁止使用范围	相关理由	替代技术（产品）	执行时间
桥面沥青弹塑体填充式伸缩缝工艺		√		不得用于大、中型市政桥梁工程	高温易变形，热稳定性差，抗老化性能差	符合标准要求的其他伸缩缝工艺	2019 年 11 月 6 日起执行

【释义】

一、什么是桥面沥青弹塑体填充式伸缩缝工艺？

桥面沥青弹塑体填充式伸缩缝工艺：一种简易的伸缩缝装置，它采用沥青作为缝隙间弹塑性填充材料，变形伸缩量较小，一般为 20~40 mm，工作温度为-25~60 ℃。

二、为什么限制使用桥面沥青弹塑体填充式伸缩缝工艺？

桥面沥青弹塑体填充式伸缩缝在高温条件下易变性，经工程实践证明，采用桥面沥青弹塑体伸缩缝难以满足耐高温、低温和抗疲劳等方面的基本要求，易造成缝沿桥面破损，难以满足桥梁工程质量要求。

三、替代技术有哪些？

（1）填塞对接式伸缩缝：是以伸缩体的弹性来承受车轮荷载的伸缩装置，其伸缩体所用的材料有砂石、碎石及各种形状橡胶制品等，也有采用泡沫塑料板或合成树脂材料等，伸缩体总是处于压缩状态。

(2)钢制支承式伸缩缝:是用钢材装配而成的、能直接承受车轮荷载的构造。这种伸缩装置以前多用于钢桥,现在混凝土桥梁也有使用。钢制支承式伸缩缝装置种类、尺寸繁多,应用比较广泛的主要是钢梳齿型。钢梳齿型桥梁伸缩缝装置的构造是由梳齿板、连接件及锚固系统组成的,有的钢梳齿型桥梁伸缩装置在梳齿之间填塞有合成橡胶,以起到防水作用,也有采用专门的排水槽来解决排水问题的。

(3)橡胶板式伸缩缝:是充分利用橡胶材料剪切模量低的特性,在橡胶体内设置承重钢板与锚固钢板,并设置螺栓孔,通过螺栓与梁端连接成整体的构造。这种结构依靠上下凹槽之间的橡胶体剪切变形来吸收梁的伸缩变位,橡胶体内埋设钢板,从而跨越梁端间隙,承受车轮荷载。橡胶板式伸缩装置具有构造简单、安装方便、经济适用等优点,主要适合于伸缩量30~60 mm 的二级以下的公路桥梁。

(4)模数式桥梁伸缩装置:是由纵梁(异型钢)、横梁、位移控制箱橡胶密封带等构件组成的伸缩装置。模数式伸缩装置可以根据实际伸缩量的需要,增加中梁钢和密封体的个数,可组成满足大位移量的伸缩装置,一般用于伸缩量大于 80 mm 的桥梁。

第 98 条　光面路面砖,非透水混凝土步道砖

技术名称	禁止	限制	技术(性能)指标	限制、禁止使用范围	相关理由	替代技术(产品)	执行时间
光面路面砖,非透水混凝土步道砖		√		不得用于广场、停车场、人行步道工程	不透水,使用寿命短,影响行人安全	符合《透水路面砖和透水路面板》(GB/T 25993)要求的透水路面砖和透水路面板	2019 年 11 月 6 日起执行

【释义】

一、什么是光面路面砖?什么是非透水混凝土步道砖?

(1)光面路面砖:一种铺地水泥制品,以水泥、石子、砂子作原料,经振动成型的块体,表面无条纹或方格。

(2)非透水混凝土步道砖:利用混凝土或水泥与工业废料(粉煤灰等)或地方材料制成的人造块体,不具备透水能力。

二、为什么限制使用光面路面砖和非透水混凝土步道砖?

光面路面砖与非透水混凝土步道砖存在不透水、强度低、不防滑、使用寿命短等问题,当其用于广场、停车场、人行步道等工程时,容易在雨后形成积水,给行人带来不便。天气寒冷

时,积水还易结冰,造成行人滑倒,危害行人安全,同时也与建设海绵城市相冲突。海绵城市是指城市能够像海绵一样,在适应环境变化和应对雨水带来的自然灾害等方面具有良好的弹性,也可称为“水弹性城市”。2017年3月5日的中华人民共和国第十二届全国人民代表大会第五次会议上,李克强总理在政府工作报告中提到,统筹城市地上、地下建设,再开工建设城市地下综合管廊2 000 km以上,启动消除城区重点易涝区段三年行动,推进海绵城市建设,使城市既有“面子”,更有“里子”。海绵城市建设要求所用材料需具备渗水、抗压、耐磨、防滑以及环保美观多彩、舒适易维护和吸音减噪等特点,能有效缓解城市热岛效应,是推动绿色建筑建设,低碳城市发展,智慧城市形成的创新表现。

三、符合《透水路面砖和透水路面板》(GB/T 25993)要求的透水路面砖和透水路面板有哪些要求?

(1)透水路面砖和透水路面板统称为透水块材,适用于铺设市政人行道、园林景观小径、非重载路面广场等场合。

①透水路面砖:是指用作路面铺设的、具有透水性能的块体材料,需同时满足:厚度≥50 mm,长/厚≤4,透水系数大于规定值。

②透水路面板:是指用作路面铺设的、具有透水性能的块体材料,需同时满足:长度≤1 m,长/厚>4,透水系数大于规定值。

(2)质量指标包括尺寸偏差、外观质量、饰面层的颜色和花纹、强度等级、透水系数、抗冻性、耐磨性和防滑性。当透水路面砖和透水路面板的指标符合《透水路面砖和透水路面板》(GB/T 25993)标准的相应要求时,即成为替代产品。

第99条　非耐碱型玻璃纤维网格布

技术名称	禁止	限制	技术(性能)指标	限制、禁止使用范围	相关理由	替代技术(产品)	执行时间
非耐碱型玻璃纤维网格布	√			严禁用于全市建设工程	耐久性差,质量难以保证	符合《耐碱玻璃纤维网布》(JC/T 841)要求的耐碱玻璃纤维网布	2019年11月6日起执行

【释义】

一、什么是非耐碱型玻璃纤维网格布?

(1)耐碱型玻璃纤维网格布:一种以耐碱玻璃纤维机织物为基材,经高分子抗碱乳液浸泡处理,从而具有良好的耐碱性和柔韧性的网格布,主要用于水泥基制品的增强材料。

(2)耐碱性:玻璃纤维网格布抵抗碱性介质侵蚀的一种能力,以试样经碱溶液浸泡后拉伸断裂强力的保留率表示。

二、为什么禁止使用非耐碱型玻璃纤维网格布?

水泥水化过程中生成的 $Ca(OH)_2$ 对玻璃纤维有强烈的腐蚀作用,破坏玻璃纤维的硅氧骨架,使玻璃纤维很快丧失其强度,会造成材料的耐久性很差,从而影响建筑物使用寿命。